Georg Blume / Christoph Hein
Indiens verdrängte Wahrheit

Standpunkte zur Politik: unbequeme Einsichten, provokante Ansichten, weitsichtige Vorschläge. Die Autoren, die sich mit Debattenbeiträgen zu Wort melden, wollen die Diskussion über grundsätzliche politische Fragen vertiefen und in die Breite tragen. Die Klarheit der Argumentation lädt den Leser ein, die eigene Meinung zu schärfen – und sie ebenso energisch zu vertreten.

Georg Blume / Christoph Hein

Indiens verdrängte Wahrheit

Streitschrift gegen
ein unmenschliches System

Bibliografische Information der Deutschen Nationalbibliothek

Die Deutsche Nationalbibliothek verzeichnet diese Publikation
in der Deutschen Nationalbibliografie; detaillierte bibliografische
Daten sind im Internet unter http://dnb.d-nb.de abrufbar.

© edition Körber-Stiftung, Hamburg 2014

Umschlag: Groothuis. www.groothuis.de
Coverfoto: Gmb Akash aus der Serie »Suicide cotton farmers
in India« (www.gmb-akash.com)
Herstellung: Das Herstellungsbüro, Hamburg |
buch-herstellungsbuero.de
Druck und Bindung: CPI – Clausen & Bosse, Leck
Printed in Germany

ISBN 978-3-89684-154-4

www.edition-koerber-stiftung.de

Inhalt

Die indische Katastrophe

Als größte Demokratie der Erde genießt Indien weltweit hohes Ansehen. Indien ist Asiens drittgrößte Volkswirtschaft und einer der Hoffnungsträger der Schwellenländer. Doch das internationale Vertrauen ist nicht gerechtfertigt. Die Wirklichkeit Indiens ist eine ganz andere: Bereicherung, Nachlässigkeit, Desinteresse und Arroganz der Eliten fordern jedes Jahr Millionen Todesopfer. Die Opfer sind Unschuldige. Viele von ihnen sind kleine Mädchen – die Wehrlosesten und Schwächsten jeder Gesellschaft.

Angesichts der schieren Menge der Opfer sind wir verleitet, in Indien von einem Völkermord oder Genozid zu sprechen. Um den Begriff zu verwenden, fehlt es einzig am Vorsatz des Staates oder einer organisierten Tätergruppe. Dennoch ist Ziel des Mordens ganz klar die Vernichtung eines bestimmten, eines großen Teils der indischen Gesellschaft: Es sind vor allem die ungeborenen Mädchen in den Städten, die kastenlosen, »unberührbaren«, neugeborenen Mädchen auf dem Land und die Witwen in den armen Schichten, deren sich eine auf materialistischen Zugewinn programmierte Gesellschaft brutal entledigt. Die staatlichen Autoritäten wissen darum. Dennoch greifen sie nicht ein und lassen den Mord an den als ökonomisch und sozial nutzlos empfundenen Mitbürgerinnen weitgehend sanktionslos geschehen. In Indien trägt sich ein millionenfacher Geschlechtermord an Frauen zu, ein Genderzid in einem Ausmaß, wie ihn die Menschheit bisher noch nicht erlebt hat.

Unglaublich, aber wahr: Fast alle schauen weg. Kaum jemand hat Mitleid. Kaum jemand tut etwas. Alle Verantwortlichen zusammen – in Indien, aber auch im Westen – bedrohen damit die Zukunft eines der wichtigsten Länder des 21. Jahrhunderts. Eines Landes, das schon heute seinen Ruf als Hoffnungsträger für den asiatischen Raum massiv beschädigt, weil es den Aufschwung der vergangenen Jahre nicht genutzt hat, um die Armut wesentlich zu lindern oder die Lage der Frauen und Kinder zu verbessern. Im Gegenteil.

Die Tatenlosigkeit weiter Teile der demokratischen Eliten Indiens ist nur schwer erträglich. Gerade im Vergleich zu China lassen sich Indiens Politiker – gleich welcher Partei – gerne als die Vertreter der farbenfrohen, größten Demokratie der Welt verehren. Auf Staatsempfängen und Managergipfeln wird ihnen gehuldigt, sie treten wortgewandt auf. In Wirklichkeit regieren sie schamlos über die größte demokratisch legitimierte Menschenvernichtung seit dem Zweiten Weltkrieg hinweg. Kein Anzeichen spricht dafür, dass es sie stört, wenn die Vereinten Nationen mal wieder melden – zuletzt geschehen im Herbst 2012 –, dass in Indien in einem Jahr mehr als eineinhalb Millionen Kinder im Alter bis zu sechs Jahren verhungern. Die meisten von ihnen sind Mädchen. Nicht einmal die sonst so wachsamen indischen Medien reagieren darauf. Unglaublich, aber wahr: 1,7 Millionen verhungerte Kinder sind für Indien ein Nicht-Ereignis. Die toten Kinder im eigenen Land sind selbst der *Times of India*, der größten englischsprachigen Tageszeitung der Welt, nur eine kleine Meldung auf einer der hinteren Seiten wert.

Doch ist Indien nicht etwa Afrika mit seinen Kriegen, seiner Gewalt, seiner Hoffnungslosigkeit und seinen machtlosen, halb aufgelösten staatlichen Apparaten. Indien ist ein stolzes, reiches Land mit großer politischer Stabilität und seit Jahren hohen Wachstumsraten. Ein Land mit einer verlässlichen Armee und einer zwar oft bestechlichen, aber dennoch funktionsfähigen Polizei. Seit mehr als 60 Jahren halten die Inder regelmäßig und ohne Unterbrechung friedliche Wahlen ab. Indien ist eigentlich ein Land der Hoffnung, dem die Zukunft gehören müsste. Es ist Teil des aufstrebenden Asiens, gilt als dritter Gigant der Region, neben China und Japan. Umso überflüssiger und damit grausamer und menschenverachtender ist hier der massenhafte Tod aufgrund von Hunger, Diskriminierung und Desinteresse. Gerade weil die Staatsgewalt trotz aller Probleme handlungsfähig ist, ist der unter ihren Augen stattfindende Frauenmord ein politisches Verbrechen.

Man muss nur hingehen und den armen Indern beim Sterben zuschauen, um die Katastrophe zu begreifen. Jeden Tag, zu jeder Tageszeit, lässt sich das Sterben beobachten. Doch wer ist je dort gewesen, in den Dörfern der indischen Bundesstaaten Madhya Pradesh oder Uttar Pradesh, in den Slums der Mega-Metropolen Bombay, Delhi und Kalkutta, wo das Unheil seinen Lauf nimmt?

Kaum ein Mitarbeiter westlicher Hilfsorganisationen findet seinen Weg in die entlegenen Dörfer. Kaum eine der vielen westlichen Menschenrechtsorganisationen hat über das alltägliche Massensterben in Indien in den letzten Jahren berichtet. Wen interessieren schon die Toten unter den Unberührbaren? Wer beobachtet die gezielten Angriffe auf die Ureinwohner? Wer gibt den ins Abseits gedrängten Muslimen einen Namen? Wo gab es nach Mahatma Gandhi und Mutter Teresa eine Solidaritätsbewegung mit Indiens Kastenlosen?

Vor allem Frauen erfahren in Indien wenig Solidarität. Sie stellen die größte Opfergruppe im Land. Als im Dezember 2012 eine junge Studentin in Delhi bestialisch vergewaltigt und ermordet wurde, horchte die Welt kurz auf. Erstmals fanden in Indien Massendemonstrationen gegen die Gewalt gegen Frauen statt. Doch kaum einer begriff Ausmaß und Alltäglichkeit dieser Gewalt. Zwei Millionen Frauen müssen in Indien jedes Jahr aufgrund von allen erdenklichen Formen der Diskriminierung sterben.

Die Blauäugigkeit des Westens gegenüber Indien, seine Leichtgläubigkeit, seine Naivität, verblüfft zunächst. Dann macht sie wütend. Die indische Katastrophe geschieht vor unser aller Augen. Aber wir lassen uns blenden von Bollywood, Yoga und den safranfarbenen Saris der Gurus. Als hätte uns der Duft des warmen Öls der Ayurveda-Medizin eingelullt, betäubt. Beim alljährlichen Weltwirtschaftsforum in Davos hofieren wir bedenkenlos die eloquenten indischen Staatsgäste und Magnaten, immer bereit, ihren in bestem Oxford-Englisch gehaltenen Reden vom angeblichen Wirtschaftswunder zu applaudieren.

Gewiss, es gibt überall Menschen, die helfen wollen, die spenden. Viele Nichtregierungsorganisationen, aber auch viele private Unternehmen lindern in ihrem jeweiligen Umkreis die Not. Doch sind das die viel zitierten Tropfen auf den heißen Stein. Kaum jemand inmitten der globalen Eliten und der zahlreichen internationalen Organisationen kommt auf den Gedanken, dass die indischen Minister und Staatssekretäre den Tod von Millionen ihrer Bürger mit zu verantworten haben. Doch genau diese Verantwortung tragen sie. Indien ist in. An der Außenalster in Hamburg oder im Englischen Garten in München praktizieren jeden Morgen viele Menschen unter freiem Himmel Yoga. Nun hält auch das Farben-Fest Holi Einzug bei uns. Bollywood-Filme erreichen ein immer größeres Publikum. Tausende junger Rucksacktouristen lassen sich jedes Jahr vom Charme Indiens entzücken. Doch sie steuern auf ihren Reisen nur wenige Ziele an: die Strände von Goa, den Beatles-Ort Rishikesh am Ganges und Dharamsala im Himalaya, wohin sich der Dalai Lama geflüchtet hat. Ganz ähnlich halten es westliche Politiker auf ihren Indien-Reisen. Außer dem Regierungssitz in Neu-Delhi, der Wirtschaftsmetropole Bombay, der Computerhauptstadt Bangalore oder dem Automobilstandort Chennai steht wenig auf ihrem Programm. Zur Abrundung besucht man dann noch das eine oder andere Vorzeige-Hilfsprojekt. Am Zielort warten Girlanden aus Blumen, Schulmädchen singen zur Begrüßung. Dann zurück in die Limousinen. Hinter getönten Scheiben ziehen das Land und seine Menschen an ihnen vorbei. In diesem Indien stirbt niemand an Hunger. Hier wird keine Frau von ihrem Mann verbrannt, weil ihre Eltern nicht genug Mitgift zahlen.

Das farbenfrohe, glänzende Indien bekam im Jahr 2004 einen neuen Namen: »India shining« lautete damals die geniale Werbeparole der Regierung, mit der das Land auf der ganzen Welt Sympathie und Aufmerksamkeit gewann. Plötzlich war sogar Bhagwan, der Guru der ausgebrannten westlichen Eliten der 1970er Jahre, der sich später in Osho umtaufte, wieder salonfähig. Auch deutsche Manager waren zur Stelle: Nicht weit von Oshos Ashram in Pune bauten sie ab 2006 mit dreistelligem Millionenaufwand ein großes Volkswagen-Werk. Alle Welt wollte damals in Indien sein. Selbst die Formel 1 kam in den Subkontinent, ihr verhalf ein indischer Milliardär in seiner Heimat zum Durchbruch. Neben der neuen Autorennstrecke ließ er gleich eine ganze Stadt und eine Autobahn von Delhi zum Taj Mahal nach Agra bauen. Das Staunen im Westen kannte kein Ende. Was war das nur für ein Land? Hier die betörende Mystik der Weltverbesserer, dort das Klacken der Schweißroboter der Autoindustrie. Hier die Begeisterung westlicher Manager für Indien, dort die Wucht des neuen indischen Reichtums. Und das alles in der größten Demokratie der Welt.

Indien schien prädestiniert, China als nächstes Wirtschaftswunderland in Asien abzulösen. Westliche Bankanalysten überschlugen sich mit Studien, die Indien als baldige Supermacht definierten. Nicht »ob«, sondern »wann« Indien in den erlauchten Kreis der großen Wirtschaftsnationen vordringen werde, lautete ihre Frage. Mehr noch, sagten die westlichen Strategen: Indien sollte fortan ein Bollwerk gegenüber der kommunistischen Parteidiktatur Chinas sein. Die Feier nahm kein Ende. Als Indien dann noch im Jahr 2006 zum Gastland der Frankfurter Buchmesse erkoren wurde, wuchsen in Deutschland die Regalmeter der Handbücher und Elogen, die dem an seiner Bevölkerung gemessen zweitgrößten Land der Erde immer nur eines bescheinigten: Wachstum, Wachstum, Wachstum und den unumkehrbaren, kometenhaften Aufstieg.

Was für ein furchtbarer Realitätsverlust! Was für eine unbarmherzige Ignoranz gegenüber den Opfern! 700 Millionen Menschen haben in Indien nicht genug zu essen. Ließen sie sich tatsächlich übersehen? Oder wollten wir vom wirklichen Indien einfach nichts wissen, von der Chancenlosigkeit der Kastenlosen, Ureinwohner und Frauen in diesem Land, von der Bitterkeit der Armut, der Zerstörungsmacht der Eliten?

Laut Weltbank leben heute in Indien ein Drittel aller Menschen der Erde, die mit weniger als 1,25 Dollar pro Tag ihr Leben fristen müssen. Also ein Drittel der allerärmsten, hungernden Erdenbürger. Das war einmal anders, obwohl Indien früher überall als Armenhaus bekannt war. Im Jahr 1981 aber lebten in Indien nur 22 Prozent der vom Hunger bedrohten Weltbevölkerung. Zwar ist es unbestritten, dass in Indien eine junge Mittelschicht rasant heranwächst. Auch soll die Zahl der Milliardäre zwischen 2013 und 2018 um satte 66 Prozent auf mehr als 300 zunehmen. Doch spürt die breite Masse vom Aufschwung wenig, oftmals nichts.

Gelitten wird auch entlang der Religionsgrenzen: Zwar ist Indien eines der größten muslimischen Länder der Erde. Doch sind die Chancen für Muslime unterdurchschnittlich im Vergleich zur Hindu-Mehrheit. Das Kastenwesen tut ein Übriges, um soziale Abgrenzungen zu zementieren. Abgesehen von den »Vorzeigeunberührbaren«, die es bis zum Ministerpräsidenten schaffen können, verbleiben die Mitglieder der unteren Kasten oder die Unberührbaren ganz überwiegend am unteren Ende der sozialen Pyramide.

Da nützt auch die sogenannte »demografische Dividende« nichts. Zwar hätte Indien mit einem Durchschnittsalter von weniger als 27 Jahren theoretisch enorme Chancen im Vergleich etwa zu China oder gar Japan. Doch wird die Dividende zur demografischen Katastrophe, wenn all diese Heranwachsenden auf dem Arbeitsmarkt keinen Job finden. So aber wird es kommen. Denn die Mehrheit bekommt eine Schulbildung, die sie selbst für einfachste Tätigkeiten in modernen Unternehmen nicht qualifiziert. Wo die Wirtschaft funktioniert, tut sie es trotz miserabler Rahmenbedingungen.

Repräsentativ für Indien sind eben nicht der geschmeidige Deutsche-Bank-Vorstand Anshu Jain, die ehrgeizige Pepsi-Chefin Indra Nooyi oder der Bill-Gates-Nachfolger an der Spitze von Microsoft, Satya Nadella. Viel repräsentativer ist die Holzsammlerin Raj Kumari in ihrem Dorf Ramgarwha in Madhya Pradesh, die ihre Tochter Rashmi absichtlich verhungern lässt.

Sie sieht keinen anderen Weg. Für sie ergibt es keinen Sinn, eine Tochter großzuziehen. Ihr karges Essen gibt sie lieber ihrem Sohn. Brutal einfach ist die Wirklichkeit der Opfer in Indien.

Wir werden sie in diesem Buch beschreiben. Und wir werden die Täter nennen. Die, die ihre Augen schließen. Und jene, die vom Elend profitieren. Damit niemand mehr, ohne es besser zu wissen, Jubelgesänge über Indien anstimmen kann. Damit sich die Demokratie in Indien nicht weiter unbemerkt ad absurdum führt. Damit die Eliten in Indien endlich merken, dass sie sich mit ihrem gesellschaftlichen Versagen ins moralische und weltpolitische Abseits manövrieren. Dies ist kein weiteres Buch, das Indiens Chancen beschreibt. Dies ist zuallererst eine erschreckende Zustandsbeschreibung, ein Augenöffner.

Das politische System Indiens ist verrottet, die ganz überwiegende Mehrheit der Menschen leidet. Wir sind nicht die Einzigen, die das sagen. »Indien ist für die Armen kein Rechtsstaat«, sagte die amerikanische Journalistin Katherine Boo, nachdem sie ein Jahr in einem Slum in Bombay verbracht und darüber ein erschütterndes Buch verfasst hatte. Der hochdekorierte indische Schriftsteller Aravind Adiga lässt seinen Protagonisten Balram Halwai im Bestseller *Der weiße Tiger* sagen: »Eine Tatsache in Indien lautet, dass du fast alles, was du vom Premierminister über das Land hörst, in sein Gegenteil verkehren kannst – dann kommst du der Wahrheit nahe.« Reporterin und Romancier kommen damit der Wirklichkeit näher als Politiker und Wirtschaftsführer: Indien ist ein Unrechtsstaat, der jedes Jahr Millionen seiner Bürger auf dem Gewissen hat. Aber kaum jemand traut sich, das über die Weltmacht Indien zu sagen, diesen wertvollen Verbündeten des Westens.

Der amerikanische Investment-Guru Jim Rogers, von vielen als Papst der Rohstoff-Anlage verehrt, hat es nicht nötig, in fortgeschrittenem Alter noch ein Blatt vor den Mund zu nehmen. »Indien ist in den vergangenen 60 Jahren schlecht regiert worden. Ich spreche nicht nur von den beiden führenden Parteien – vergessen Sie all die Politiker. Niemand weiß, wer schlechter ist, Opposition oder Regierung.« Was also würde aus Rogers' Sicht helfen? »Indien muss so dramatisch verändert werden wie einst China unter Deng Xiaoping.« Gibt es jemanden, der das Zeug dazu hätte? »Aus meiner Sicht hat Indien derzeit niemanden, der es mit einer solchen Herausforderung aufnehmen könnte, all diese Probleme lösen könnte«, sagte Rogers mit Blick auf die indischen Wahlen im Frühsommer 2014.

In Indien ist es allen voran die mit dem Booker-Preis ausgezeichnete Schriftstellerin Arundhati Roy, die immer wieder schonungslos Kritik übt. »Ich bin nicht sicher, ob man einfach so weitermachen kann: Man lässt die Menschen zu Millionen verarmen, nimmt ihnen ihr Land weg, ihre Lebensgrundlage, treibt sie in die Städte, zerstört auch dort ihre Slums, nur um sie wieder zurück aufs Land zu schicken. Aber womöglich habe ich ja unrecht. Vielleicht geht es weiter so. Man lässt die Menschen einfach verhungern, tötet sie – und nennt es dann Globalisierung mit menschlichem Antlitz.«

Georg Blume und Christoph Hein,
im März 2014

KAPITEL 1

Der Westen schließt die Augen

An einem regnerischen Frühlingstag im April 2013 war es mal wieder so weit: Bundeskanzlerin Angela Merkel empfing im Berliner Bundeskanzleramt den indischen Premierminister Manmohan Singh. Während der Begrüßung lief ein wilder Rotfuchs durch die Polizistenreihen – ganz als wäre er von den Gastgebern bestellt. Denn in Indien ist man es gewohnt, dass im Park des Präsidentenpalastes in Delhi Pfauen und Affen von den Bäumen zuschauen, wenn mal wieder ein Staatsempfang stattfindet. Merkel und Singh trafen sich diesmal in Berlin mit einem Dutzend Minister beider Seiten, weil sie seit 2011 regelmäßige Regierungskonsultationen abhalten.

Viel Aufregung herrschte nicht. Die deutschen Medien ignorierten das Staatsereignis weitgehend. Die mitgereisten indischen Journalisten erfreuten sich vor allem daran, Berlin kennenzulernen. Schließlich schien nichts selbstverständlicher zu sein, als dass sich das größte demokratische Schwellenland der Welt und die größte Industrienation Europas im breiten, kontinuierlichen Austausch auf höchster Regierungsebene befanden. Als Merkel und Singh dann zur abschließenden Pressekonferenz im Bundeskanzleramt baten, erwarteten sie denn auch nur Routinefragen. Wie es in Brüssel mit den Verhandlungen über ein Freihandelsabkommen zwischen Indien und der Europäischen Union weitergehe, wollten die anwesenden deutschen und indischen Journalisten wissen. Jemand stellte noch eine Frage zur Iran-Politik beider Seiten, ob es da wirklich Übereinstimmung gebe. Es lag nicht der Hauch von einem Skandal über der Pressekonferenz.

Und doch glauben wir, dass der Auftritt der beiden Regierungschefs, der wieder einmal die wirklichen Probleme Indiens unerwähnt ließ, im Kern skandalös war. Hier saß die deutsche Bundeskanzlerin, die es sonst durchaus versteht, mit hohen Regierungsgästen auch unangenehme Dinge anzusprechen, und schwieg sich aus. Sie schwieg sich aus über ihren hohen Gast. Und über die Zustände in dem Land, das er führt.

Nun zählt Manmohan Singh vom Typ her wohl tatsächlich zu den letzten Aufrichtigen in der indischen Politikerklasse. Er ist ein alter Finanzbeamter, der es oberflächlich betrachtet ehrlich meint. Als gut geschulter Ökonom hat er viele interessante Dinge zu sagen. Auch hat er gelegentlich Reden gehalten, deren Schonungslosigkeit gegenüber den indischen Zuständen ihresgleichen sucht. Alles Gründe, die dafür sprechen mögen, dass die Bundeskanzlerin auch nach außen immer wieder ihre persönliche Freundschaft mit Singh zu erkennen gibt. Doch können kluge Worte und gute Absichten Singhs nicht darüber hinwegtäuschen, wofür er als Regierungschef seit 2004 politisch mitverantwortlich zeichnet: nämlich zum Beispiel für den Tod von 18 Millionen Frauen in seiner neunjährigen Regierungszeit. Fast ebenso viele verhungerte Kinder hat seine Regierung auf dem Gewissen – denn Schutz gewährte sie ihnen nicht. Was mit dem Wissen der höchsten Politiker des Landes in Indien geschieht, erinnert in seinen tödlichen Konsequenzen an die schlimmsten Verbrechen des 20. Jahrhunderts.

Heute erkennt man etwa in der verfehlten Agrarpolitik von Mao Tse-tung einen der größten politischen Massenmorde der Geschichte. Mao hatte Ende der fünfziger Jahre des letzten Jahrhunderts den chinesischen Bauern befohlen, ihre Felder brachliegen und stattdessen ihre Werkzeuge für die Industrieproduktion einschmelzen zu lassen. Er nannte das »den großen Sprung nach vorn« – in Wirklichkeit war es ein gewaltiges Verbrechen am eigenen Volk. Die Folge war eine der größten Hungersnöte aller Zeiten. Nach westlichen Darstellungen starben dabei bis zu 30 Millionen Chinesen.

In Indien ist es nicht der eine Befehl, der zu Millionen unnötigen Opfern führt. In Indien führt die kollektive Ignoranz der Eliten zur Katastrophe. Die politische Führung gleich welcher Partei schert sich in ihrem täglichen Handeln nicht um die hilflosen Bauern, nicht um Frauen, nicht um Indiens arme Landbewohner.

Das brutale Versagen der indischen Politik ist alles andere als ein Geheimnis. Im Interview mit der indischen Wirtschaftszeitung *Mint* räumte der einflussreiche Minister für ländliche Entwicklung, Jairam Ramesh, im Februar 2014 offenherzig ein: »Ich kann nicht behaupten, dass wir heute eine paritätischere Gesellschaft sind als vor zehn Jahren.« Er fuhr fort: »Wir sind eine Gesellschaft, in der weiterhin eine sehr tiefgehende Chancenungleichheit besteht.« Dann aber folgte die Entschuldigung: »Ungleichheit in Indien ist strukturell. Man wird schon aufgrund des Kastensystems mit ungleichen Chancen geboren. Wir können also nicht über Nacht Chancengleichheit schaffen.«

Das hört sich gut an. In Wahrheit aber schert sich die politische und wirtschaftliche Elite herzlich wenig um Chancengleichheit. Die Weltbank ermittelte, dass in Indien 59 Prozent des Getreides, das die Zentralregierung unter Führung Singhs für die Speisung der Armen bereithält, die Empfänger nicht erreicht. Stattdessen wird das kostbare Gut von Mittelsmännern und Beamten auf dem Schwarzmarkt verhökert. Seit Jahren ist das Problem bekannt – doch die Regierung ergreift keine wirksamen Gegenmaßnahmen. Sie duldet, dass vor ihren Augen Millionen der eigenen Bürger sterben: weil sie ihnen nicht zur Hilfe kommt; weil Politiker gleichgültig und abgestumpft sind; weil sie nur ihre eigenen Interessen verfolgen.

Es ist höchste Zeit, dass der Westen für das indische Versagen endlich die angemessenen Worte findet. Völlig zu Recht kümmern sich die Demokraten rund um die Erde um jeden chinesischen Dissidenten, den die chinesischen Machthaber wegen seiner abweichenden Meinung zugrunde richten. Allerdings müssen sie sich endlich auch um jede indische Braut kümmern, die ihr Mann aus Habgier anzündet. Polizei, Richter und Manmohan Singh braucht er dabei nicht zu fürchten.

Als sich im Dezember 2012 in der indischen Hauptstadt jenes abscheuliche Verbrechen an einer jungen Frau ereignete, schien es einen Moment, als könne sich der Blick des Westens auf Indien klären. Eine Bande junger indischer Slumbewohner hatte die indische Studentin in einem fahrenden Bus aufs Grausamste sexuell misshandelt, sie anschließend halbnackt und schwer verletzt auf die Straße geschmissen. Wenig später starb sie an ihren inneren Verletzungen im Krankenhaus. Das Verbrechen geschah inmitten der bunten, neuen Hauptstadtwelt von Delhi, zwischen Einkaufspalästen und Autobahnbrücken. Das Schlaglicht der Medien erhellte über Nacht die Abgründe der Gewalt gegen Frauen. Plötzlich war klar: Keine noch so rohe, noch so brutale Frauenschändung ist in Indien unvorstellbar. Im Gegenteil: Die Schändung ist Alltag. Jede Inderin ist bedroht.

In Indien führte die Vergewaltigung der Physiotherapiestudentin zu einer der erstaunlichsten Bürgerbewegungen der letzten Jahrzehnte. Erstmals ließ die neue Mittelklasse des Landes politisches Bewusstsein und zivile Wehrhaftigkeit erkennen. Die vielen spontanen Frauendemonstrationen im Land, an denen durchaus auch Männer teilnahmen, waren sehr ermutigend. Nur wurden sie im Westen leider überbewertet: So als hätte Indien nun gleich auch eine Antwort auf sein Frauenproblem gefunden. Die *Süddeutsche Zeitung* etwa druckte ein Foto von indischen Demonstrantinnen mit brennenden Kerzen auf ihrer Titelseite. Dazu stimmte die Zeitung ein Loblied auf die mächtigste Person Indiens an, auf Sonia Gandhi, die Führerin der regierenden Kongresspartei, der im Ernstfall auch Manmohan Singh gehorcht. Gandhi, so schrieb die Zeitung, hätte sich mit gefühlvollen Worten an die Spitze der Demonstrantinnen gestellt.

Man hätte es in Indiens Führungsschicht, aber auch unter den politischen Entscheidungsträgern im Westen sicher gern gesehen, wenn nun alles wieder gut gewesen wäre. Wenn man nicht hätte erfahren müssen, dass die Vergewaltigung der jungen Frau nur eines von jährlich zwei Millionen tödlichen Vergehen an Indiens Frauen gewesen war, nur ein Verbrechen im Zuge einer geduldeten Massenvernichtung. Der Westen will, dass Indien auf seiner Seite steht, China Paroli bietet, westliche Wertmaßstäbe teilt. Der Wunsch ist verständlich.

Indien hat so viele verführerische Seiten. Natürlich haben auch wir uns verführen lassen. Wir haben mit indischen Pilgern im Ganges gebadet und deren Glück spüren können. Wir sind mit den tanzenden Massen durch Kalkutta gegangen und haben mitgetanzt, als die ganze Stadt die Niederkunft der Göttin Dunga feierte. Während des Holi-Festes in Udaipur haben wir uns mit Farbe bewerfen lassen. Die Fröhlichkeit, mit der die indischen Hindus Pilgerfahrten begehen und religiöse Feste feiern, ist wahrhaft ansteckend. Aber auch die indische Demokratie, die wir hier kritisieren, hat etwas ungeheuer Ansteckend-Faszinierendes. Man muss nur Fernsehen schauen. Jeden Abend veranstalten die Nachrichtensender ausführliche Talkrunden zu den Ereignissen des Tages. Dabei kommen die schillerndsten Intellektuellen zu Wort, große Persönlichkeiten, die wir als Korrespondenten oft auch selbst interviewen konnten. Und schon wird man hineingesogen und nimmt Teil am Elitediskurs der Nation. Zumal auf dieser Ebene die englischsprachigen Medien den anderen des Landes um nichts nachstehen und durchaus den öffentlichen Ton angeben. Auch ist es für westliche Korrespondenten in Indien nicht schwer, Zugang zu hohen Politikern, zu Maharadschas und Milliardären zu bekommen. Sie laden ein in ihre Paläste oder kolonialen Villen, die noch von den Engländern erbaut wurden. Dann wird guter schwarzer Tee serviert, und der Gast erhält nicht selten Einblick in beeindruckende Bibliotheken. Vor allem die indische Kongresspartei pflegt bis heute ihren intellektuellen Stolz. Schließlich fühlt sie sich dem Erbe der Republikgründer Mahatma Gandhi und Jawaharlal Nehru verpflichtet, deren Glanz bis heute auf die Partei abstrahlt. Kein führender Kongressabgeordneter, der nicht unter ihren Bildern empfängt. Aber auch die parlamentarischen Galionsfiguren der oppositionellen hindu-nationalistischen Bharatiya Janata Partei (BJP) sind heute in der Regel keine schrägen Populisten mehr, sondern meist erfahrene Rechtsanwälte und Politiker, die jede

Frage souverän beantworten. Warum also nicht einfach mitmischen im lebendigen Politik- und Mediengeschäft der Hauptstadt?

»Es gab noch keinen ausländischen Korrespondenten in Delhi, der auf die Dauer nicht dem Charme der Nehru-Eliten erlegen ist«, hatte uns einmal der indische Schriftsteller Pankaj Mishra mit auf den Weg gegeben. Damit meinte Mishra, dass das von Gandhi und Nehru während des Unabhängigkeitskampfes geschaffene Bild der rechtschaffenen, demokratischen Eliten in Indien bis heute in der westlichen Öffentlichkeit ungebrochen ist. Keiner aber hat zur Wahrung dieses Bildes in den letzten Jahren mehr beigetragen als Premierminister Singh. Er war früher Generalsekretär der Sozialistischen Internationalen und diente ihrem Präsidenten, dem einst hochangesehenen sozialistischen tansanischen Regierungschef Julius Nyerere. Er arbeitete für die Weltbank und den Internationalen Währungsfonds. Er war und ist ein brillanter Ökonom und Intellektueller. Man kann sich gut vorstellen, wie seine Analysen im Kreis der Regierungschefs der G 20 während der großen Finanzkrise hervorstachen. Und wie dann eine wissenschaftliche, vorgebildete Politikerin wie Angela Merkel darauf reagierte. Doch auch sie erlag dem Charme der indischen Eliten.

In Zukunft könnte es so weitergehen. Singhs Nachfolger als Spitzenkandidat der Kongresspartei ist der jugendlich-verführerische Rahul Gandhi. Nur wenige glauben im Frühsommer 2014 an seine Siegeschancen, wohl aber erhält er die Kontinuität der immer noch populären Nehru-Gandhi-Dynastie und ist ein großer Frauenschwarm. Echtes Charisma, weil er sich von klein auf hocharbeitete, bietet im Wahljahr der Spitzenkandidat der Opposition, Narendra Modi. Weißer Bart, oranger Turban und eine feste, klare Stimme. Der Mann gilt als politischer Hoffnungsträger, obwohl er die politische Verantwortung für das berüchtigte Massaker an zweitausend Muslimen im Februar 2002 im Bundesstaat Gujarat trägt. Modi hat schon in den letzten Jahren die Stimmung in Indien polarisiert. Er verspricht ein liberaleres Wirtschaftsmanagement, das Indiens Armen durchaus nicht schaden muss. Aber auch er verspricht kein Umdenken, keine Einsicht.

Am Ende aber muss die Wahrheit doch auf den Tisch. So geschah es auf der Pressekonferenz anlässlich von Singhs Staatsbesuch im April 2013. Weil niemand mehr Fragen stellen wollte, bekamen schließlich wir die Gelegenheit dazu. Wir durften sogar referieren, wie kläglich die Menschenrechtslage in Indien aussehe, wie viele Frauen dort jedes Jahr völlig unnötig sterben würden – und siehe da: Weder die Bundeskanzlerin noch der Premierminister widersprach. Als hätten sie das alles schon immer gewusst. Mehr noch: Vor allem Singh nahm unsere Frage dankbar auf. Er räumte ein, wie schwer es gerade die Frauen in Indien hätten. Am nächsten Tag erschien auf der Titelseite der angesehenen indischen Tageszeitung *The Hindu* ein Artikel, der sich fast aus-

schließlich unserer Frage und der Antwort des Premierministers widmete. Die indische Autorin stellte fest,
dass sich Singh nach der Vergewaltigungstat in Delhi
vom Dezember 2012 zum ersten Mal in der Öffentlichkeit über die Gewalt gegen Frauen in Indien geäußert
hatte. Die Antwort der Bundeskanzlerin erwähnte der
Artikel nur im letzten Satz – zu Recht, denn sie war der
Frage ausgewichen, hatte von deutsch-indischen Ent-
wicklungsprojekten in der Landwirtschaft gesprochen,
von denen auch arme indische Frauen profitieren. Sie
hatte wieder mal nur Nettes zu Indien gesagt.

Doch das reicht nicht. Indiens Politiker, die Nachfolger Gandhis und Nehrus, benötigen eine intensivere
Auseinandersetzung, mehr Anstöße von außen. Vor allem haben die Inderinnen und Inder verdient, dass man
über die Zustände in ihrem Land offen redet, die Politiker ins Gebet nimmt, ja, auch Druck ausübt. Nur so
wird die Republik Indien das Versprechen jeder Demokratie erfüllen können, ihren Bürgerinnen und Bürgern
ein menschenwürdiges Leben zu sichern.

KAPITEL 2

Eine Braut klagt an

Erst nach zwei Stunden, als sie fast alles erzählt hat, beginnt Rekha Sharma zu weinen. Ein paar kleine Tränen kullern über ihre Wangen. Aber dann fängt sie sich gleich wieder. Sie ist mit ihren 26 Jahren so zierlich, ihre Stimme so weich, dass man ihr auf Anhieb gar nicht anmerkt, wie stark sie ist. Doch wäre sie es nicht, würde sie heute wohl nicht mehr leben.

Sharma war schon zum Tode verurteilt. Sie sollte einen Tod sterben, der heute in Indien nicht außergewöhnlich, aber doch schier unvorstellbar ist. Der Blick von außen auf die größte Demokratie der Welt führt leicht in die Irre. Denn in dieser Demokratie müssen laut wissenschaftlichen Untersuchungen jedes Jahr geschätzt hunderttausend Frauen denjenigen Tod erleiden, den auch Sharmas Ehemann für sie vorgesehen hatte. Er ist eine der brutalsten und unverständlichsten Mordtaten, welche Männer heute verüben: die Brautverbrennung. Das Kalkül dahinter ist so einfach wie grausam: Töte deine Frau, wenn sie nicht mehr genug

Mitgift einbringt! Strafverfolgung muss der Mörder nur in seltenen Fällen fürchten.

Weder der Brockhaus noch die deutsche Fassung von Wikipedia kennt auch nur den Begriff der Brautverbrennung. Die Gräueltaten der Hexenverbrennungen sind bekannt, vielleicht noch der Begriff der Witwenverbrennungen in Indien, die ein historisches Phänomen sind. Sharma aber weiß viel mehr. Sie musste am eigenen Leibe erfahren, dass Brautverbrennungen keine längst vergessene Tradition sind, sondern ein modernes Übel »Made in India«.

Dabei schien die Gefahr für Sharma zunächst gar nicht greifbar. Sie war 22, als sie heiratete. Vorher hatte sie ihren Zukünftigen schon dreimal getroffen und viel mit ihm am Telefon geredet. Das ist bei arrangierten Ehen in Indien durchaus nicht üblich. »Ich war sehr glücklich«, erinnert sie sich an ihre Hochzeit. Gleich darauf verließ sie das einfache Elternhaus in einem der Slums von Delhi – der Vater war Tischler, die Mutter Hausfrau – und lebte nun bei der Familie ihres Ehemanns in Mathura, einer Stadt 150 Kilometer südöstlich von Delhi. Sharma tat, was von ihr erwartet wurde: Dass ein Ehemann zur Familie seiner Frau zieht, ist nach wie vor und in allen Schichten undenkbar. Vor allem aber brachte Sharma eine ordentliche Mitgift mit. Zwar war ihre Familie in Delhi arm, doch verausgabten sich die Eltern völlig, um ihre älteste Tochter zu verheiraten. Sharma zählt ihre Mitgift auf: »Ein Kühlschrank, ein Fernseher, eine Klimaanlage, ein Bett, ein Schrank, ein Bügeleisen,

Edelstahlbesteck, Kindersachen, Silberschmuck, Ohr-
ringe, Fingerringe, Fußringe, eine goldene Halskette,
50 000 Rupien (600 Euro) in bar, eine zweite goldene
Kette und goldene Ringe für meinen Mann – meine Eltern hatten dafür viele Jahre gespart«, sagt Sharma. Für
sie war das alles ein Vermögen wert. Doch nur für sie.

Drei Monate lang war die neue Familie mit ihrer
Schwiegertochter zufrieden. Dann begannen die Stiche-
leien. »Mein Sohn hätte mit einer anderen Frau mehr
Mitgift bekommen können«, tönte die Schwiegermutter. Von nun an verfolgte Sharma eine alte hinduistische
Redensart: »Du isst nur und verdienst nichts.« Überall in
Indien bekommen eingeheiratete Frauen das zu hören.
Doch dürfen sie deshalb noch lange nicht auf Arbeits-
suche gehen, vielmehr ist es üblich, die Frau daheim
unter Verschluss zu halten. Genau so erging es Sharma:
Sie durfte das Haus nicht einmal für Einkäufe verlassen. Ehemann und Schwiegereltern schlossen sie tags-
über ein. »Es war wie im Käfig. Ich konnte mit niemand
sprechen«, sagt Sharma. Den ganzen Tag putzte sie und
wusch. Über die Küche regierte die Schwiegermutter.
Dem Ehemann erschien seine Frau zunehmend nutzlos. Also verlangte er weitere Mitgift. Er mochte dabei
gedacht haben, dass das sein gutes Recht war.

Dann wurde Sharma vier Monate nach der Hochzeit
schwanger. Es änderte nichts. Schon in dieser Zeit begann ihr Ehemann, sie zu schlagen. Er schlug sie mit
einem vier Zentimeter breiten Ledergürtel auf die Beine
und den Rücken. Die Gürtelschnalle behielt er in der
Hand. Und er stellte immer höhere Forderungen. Ihre

Eltern sollten ihr kleines Ziegelhaus in Delhi verkaufen, schlug er vor. Bei jedem Streit verlangte er mehr Mitgift. Bald wurde sie auch von ihrer Schwiegermutter und ihren drei Schwägerinnen geschlagen. »Normalerweise spricht man über solche Dinge nur in der Familie. Ich ging deshalb zuerst zu meinem Schwiegervater und beklagte mich. Doch der machte sich nur über mich lustig«, erzählt Sharma. Bald hörten die Nachbarn täglich ihre Schreie, wenn sie geschlagen wurde. Doch niemand störte sich daran. Denn es gehört zum Alltag, dass der Mann seine Frau schlägt. Er darf sie sogar nach Belieben vergewaltigen. Das Gesetz in Indien kennt keine Vergewaltigung in der Ehe. »Er war ständig über mir und schaute sich dabei Pornos an. Er zwang mich, bestimmte Dinge zu tun. Er biss mich. Hinterher fühlte ich mich jedes Mal vergewaltigt«, sagt Sharma. Doch sie wusste, dass es keinen Sinn hatte, sich zu beklagen.

So verging die Zeit. Sharma gebar ihr erstes Kind, Nitin, einen Sohn. Bald wurde sie wieder schwanger. Da geschah es. »Es war ein gewöhnlicher Tag. Die Schwiegereltern waren zu Hause. Ich war schwanger, mein Mann war nicht betrunken«, berichtet Sharma. Wie immer forderte ihr Mann an diesem Tag weitere Mitgiftzahlungen. Doch dieses eine Mal widersprach sie. Das hielt er nicht aus. Der heute 30-jährige Fotoladenbesitzer Bipin Gautam überschüttete an diesem Tag seine Frau mit Kerosin. Er holte dafür einen eckigen Fünf-Liter-Kanister mit weißen Streifen aus der Küche. Dem Tode geweiht, stand sie vor der Haustür. Die Schwiegereltern und Nachbarn – alle konnten sie sehen. Er hatte sogar schon das Feuerzeug in der Hand. Sharma dachte, ihr Ende sei gekommen. Da endlich stürmte ein Nachbar herbei und rettete sie.

Eine normale Szene. Außergewöhnlich war die Rettung. Außergewöhnlich war, dass sich Sharma von nun an wehrte, weil sie verstand, dass ihr Mann sie ermorden wollte. Denn heute sind Brautverbrennungen in Indien weit verbreitet. Sie sind das Ergebnis wachsender materieller Gier in einer patriarchalischen Gesellschaft, deren demokratische Institutionen sich nicht um das Leben der betroffenen Frauen scheren.

Kaum ein Fall wird geahndet. Dabei gibt es für das Verbrechen keinerlei religiöse Rechtfertigung wie etwa früher bei den Witwenverbrennungen. Die Methode ist fast immer gleich: Die Mörder bevorzugen Kerosin. Doch Brautverbrennungen gelten in Indien als Familiendrama, die Zeitungen berichten nur selten davon, Politiker sprechen das Thema nicht an, Gerichte versuchen es zu meiden. Auch bei polizeilich gemeldeten Fällen kommt es daher nur bei einem Drittel zu Gerichtsurteilen. Sharmas Fall bedeutet insofern eine große Ausnahme, als er gerichtlich dokumentiert ist und sie bereit ist, über das Geschehene zu sprechen. Nach dem Mordversuch ihres Mannes flüchtete sie zu ihren Eltern. Ein Gericht sprach ihr das alleinige Sorgerecht für ihren Sohn und die später geborene Tochter Tanu zu. Heute lebt Sharma wieder in der kleinen Ziegelhütte ihrer Eltern in Delhi, die Kinder an ihrer Seite. Wenn sie erzählt, legt der Vater einen Arm um sie. Er unterstützt sie auch bei ihren öffentlichen Auftritten für eine NGO, eine Nichtregierungsorganisation der Hauptstadt.

Doch eine späte Genugtuung ist das alles nicht. Deshalb weint sie auch wieder, als sie erzählt, dass ihr Ehemann bis heute keinerlei Konsequenzen tragen musste. »Die Polizei in Mathura hat ihn immer geschützt«, sagt Sharma unter Tränen. Und natürlich auch die Nachbarn. Auch zu dem Mann, der sie rettete, hat sie keinen Kontakt mehr. Die gute Nachbarschaft war ihm wichtiger.

Die allgemeine Gleichgültigkeit den misshandelten Frauen gegenüber wird noch dadurch gefördert, dass sich Politik und Medien nicht einmischen wollen. Politiker und Journalisten sind stolz darauf, dass in Indien endlich eine neue, prosperierende Mittelschicht entsteht, und fühlen sich ihr zugehörig. Ihnen ist es unangenehm, wenn in dieser Schicht neue Formen des Verbrechens entstehen. Das verdrängt man lieber. Der Fotoladenbesitzer Gautam passt genau ins Bild. Für alle, die ihn kennen, ist er bis heute ein tüchtiger Mann. Und nicht etwa ein potenzieller Mörder.

Wie viele Brautmörder führen in Indien heute ein unbehelligtes Dasein? Es müssen Millionen sein. Bisher ahnte man wenig vom Ausmaß der Morde an jungverheirateten Frauen. Für das Jahr 2010 verbuchte das indische Amt für Kriminalstatistik 8391 tödliche Brautverbrennungen. Das macht fast eine pro Stunde. Auch schon ein Skandal. Doch die amtliche Zahl kann nur die Spitze des Eisbergs sein, da Brautverbrennungen auch von den

Familien der Opfer nur in seltenen Fällen der Polizei gemeldet werden – schließlich schadet das Bekanntwerden dem Familienansehen.

Es bedurfte deshalb wissenschaftlicher Untersuchungen, um ein Gesamtbild der Brautverbrennungsfälle in Indien zu schaffen. Dieses ergibt sich heute aus den Berechnungen der nordamerikanischen Ökonomen Debraj Ray und Siwan Anderson. Ihre Forschungen zeigen, dass in Indien jedes Jahr 225 000 mehr Frauen als Männer aufgrund von tödlichen Verletzungen sterben. Ein Großteil dieser Toten sind Brandopfer und lassen sich laut Debraj und Anderson auf Brautverbrennungen zurückführen. Nach den Schätzungen der Forscher gibt es davon über 100 000 pro Jahr – mehr als 270 pro Tag.

Man stelle sich vor, in China oder einem islamischen Land würden jeden Tag 270 wehrlose Frauen von ihren Männern verbrannt – welchen Aufschrei würde es im Westen geben?

Doch das ist nur der Anfang der Geschichte. Denn von den vielen Frauen, die jedes Jahr in Indien aufgrund von Diskriminierung sterben müssen, wird »nur« jede Zwanzigste Opfer einer Brautverbrennung.

KAPITEL 3

Die Frauenvernichtung

Zwei Forscher in Nordamerika machen dieses Buch gewissermaßen erst möglich. Siwan Anderson und Debraj Ray quantifizierten das Elend, von dem wir über die Jahre unserer Korrespondententätigkeit in Indien ständig und fast überall im Land einen Eindruck gewinnen konnten. Meistens konnten wir Journalisten dann nur den schrecklichen Einzelfall beschreiben. Die zwei Forscher aber konnten mehr, sie konnten belegen: Es ist nicht nur eine Inderin, die Opfer einer Vergewaltigung wird – es sind tatsächlich hunderttausend Inderinnen, die jedes Jahr Brautverbrennungen zum Opfer fallen. Und mehr noch: Es sind jedes Jahr zwei Millionen Inderinnen, die aufgrund von Diskriminierung sterben müssen.

Siwan Anderson, 44, ist Professorin für Wirtschaft an der Universität von British Columbia in Vancouver an der kanadischen Pazifikküste. Ihr Forschungsgebiet ist die Gender-Ökonomie, ein neues Feld. Sie untersucht, wie viel mehr Frauen als Männer in Indien jedes Jahr sterben, obwohl Frauen doch zumeist eine höhere Lebenserwartung als Männer haben. Und vor allem fragt sie: Werden Frauen in Indien systematisch getötet? Millionenfach ermordet?

Andersons Forschungspartner an der amerikanischen Ostküste ist Professor Debraj Ray, ein renommierter Wirtschaftswissenschaftler von der New York University. Ray, 55, ist ein bekannter Entwicklungsökonom und Mitherausgeber der Fachzeitschrift *American Economic Review.* Er arbeitet in seinem Uni-Büro in Manhattan. Wenn er von dort via Skype telefoniert, kann man auf einem Regal hinter ihm zwei indische Bronzefiguren erkennen.

Anderson und Ray kalkulieren anhand von Bevölkerungszahlen, Geburts- und Sterberaten, dass in Indien heute über die Jahre akkumulierte 35 Millionen Frauen fehlen. In jedem Jahr sterben zwei Millionen mehr Frauen als Männer. Zwei Millionen Menschen, die eigentlich leben müssten, wenn es normal zuginge (gemessen an dem quantitativen Verhältnis der Geschlechter in den westlichen Industrieländern).

Schon vor über zwanzig Jahren hatte sich der indische Wirtschaftsnobelpreisträger Amartya Sen auf die Suche nach den »fehlenden Frauen« gemacht. Sen hatte damals die Bevölkerungszahlen von Frauen und Männern in Industrie- und Entwicklungsländern verglichen. Gemessen daran fehlten im Jahr 1990 in den armen Ländern weltweit über hundert Millionen Frauen, errechnete Sen. Für ihren Tod machte er »eine schreckliche Geschichte von Ungleichheit und Missachtung« verantwortlich.

Die indische Regierung verschleiert die Fakten, den Tod von Millionen Frauen, bis heute, in dem sie nur von einem Geschlechterverhältnis von 940 Frauen zu 1000 Männern spricht. Ebenso tut es der *Bericht über die menschliche Entwicklung* der Vereinten Nationen. Er sagt zwar, dass Indien, was die Gleichheit der Geschlechter betrifft, an 132. Stelle von 142 Nationen steht. Doch die tatsächlichen Opferzahlen nennt auch er nicht.

Sen war damals einsamer Pionier seines Fachs. »Frauenfragen stellen sich für Ökonomen traditionell im Arbeitsrecht: zum Beispiel beim ungleichen Lohn. Weibliche Sterbequoten sind kein Thema, dem Ökonomen wirklich Aufmerksamkeit geschenkt haben«, sagt Ray. Er und Anderson nahmen Sens Idee jedoch auf und verfeinerten sie. Sie errechneten, wie viele Frauen in einem Jahr verloren gingen, teilten die fehlenden Frauen in Altersgruppen ein und kamen dadurch den Opfern und den Ursachen für den millionenfachen Tod auf die Spur.

»Mathematisch war das nicht so schwer. Es hatte sich nur niemand die Mühe gemacht, Sens große Verlustmeldung aufzugliedern und ein präzises, computergestütztes Berechnungsmodell zu entwickeln«, sagt Anderson. Dabei betont sie wie Ray, dass nicht jede fehlende Frau ein Opfer von Diskriminierung sein muss. In den Statistiken der beiden Forscher werden genetische Krankheiten, die nur Frauen betreffen, ebenso berücksichtigt wie die Gefahren der Schwangerschaft. Doch prozentual erweisen sich diese Risiken als gering.

Im Herbst 2010 veröffentliche das Londoner Fachblatt *Review of Economic Studies* Andersons und Rays neueste Berechnungsmodelle. Wenig später verfasste die Weltbank auf Basis der neuen Methoden von Anderson und Ray ihren Jahresbericht 2012 zum Thema »Geschlechtergleichheit und Entwicklung«. Für die Weltbank steht seither außer Zweifel, dass es weltweit »erste Priorität« aller Frauenpolitik sein müsse, die »überhöhte Sterberate von Mädchen und Frauen zu reduzieren«.

Die Grundregel der Gender-Ökonomie ist eine Binsenweisheit: Ohne die Gleichstellung der Frau kommt niemand voran – keine Familie, kein Dorf, kein Land. »Die Geschlechtergleichheit ist ein alleinstehendes Entwicklungsziel, und sie ist ein kluges wirtschaftliches Kalkül«, lautet die Kernthese des Weltbankberichts. Etliche Studien zeigen, dass dort, wo Frauen mehr zum Sozialprodukt beitragen, Wachstum und Wohlstand schneller und sozial ausgeglichener gedeihen. Ray sagt: »Wenn sich die weibliche Hälfte der Bevölkerung ständig ums Überleben und die eigene Diskriminierung sorgen muss, schlägt das negativ auf das ökonomische Potenzial einer Gesellschaft zurück. Frauen sind die Hälfte des Fortschritts.«

Meist bleibt es bei solch vagen Erkenntnissen, auch der Weltbankbericht kommt über Allgemeinheiten nicht hinaus. Mehr über Gründe und über die Vermeidung dieser überhöhten Sterbequoten wird man erst wissen, wenn man mehr über die Opfer weiß. Wer sind die »fehlenden Frauen«, die schon Sen suchte? Anderson und Ray gaben sich nicht zufrieden.

Nachdem sich ihre Methoden in der Weltbank durchgesetzt hatten, forschten sie weiter über Indien. Das hatte auch persönliche Gründe: »Ich komme aus dem Herzen Kalkuttas«, sagt Ray, der seine Heimat erst nach dem College verließ. Anderson wiederum hängt an Indien, seit sie in den 1990er Jahren ein Studienjahr in der Hauptstadt Delhi verbrachte und ihre Doktorarbeit über Mitgiftzahlungen schrieb.

Ihr gemeinsames Interesse an Indien führte sie zu der Erkenntnis, dass die wesentliche Ursache für die fehlenden Frauen in Schwellenländern nicht nur die massenhafte Abtreibung weiblicher Föten ist, wie viele Forscher bisher annahmen. Das dafür gut belegte Beispiel war stets China mit seiner Ein-Kind-Politik, die viele Familien verleitet, Mädchen abzutreiben, um einen »Stammhalter« zu haben. Doch in Indien entdeckten Anderson und Ray etwas ganz anderes: »Hier geht es weniger um Abtreibungen als um lebenslange Diskriminierung als Todesursache«, sagt Anderson. Mit anderen Worten: In China kommen die fehlenden Frauen erst gar nicht auf die Welt. In Indien dagegen werden sie geboren und müssen qualvoll sterben.

Den aktuellsten Statistiken der Forscher zufolge sterben 25 Prozent der jährlich fehlenden Inderinnen in ihrer Kindheit, 18 Prozent im gebärfähigen Alter und 45 Prozent als ältere Frauen. 12 Prozent gehen aufs Konto von selektiven Abtreibungen weiblicher Föten. Besonders häufig treiben Frauen aus Mittelschichtsfamilien in den Städten weibliche Föten ab.

Zwar basieren die Zahlen auf den Untersuchungen der Sterberaten in den relativ weit zurückliegenden Jahren 2000 bis 2003, die im Zusammenhang mit der Volkszählung des Jahres 2001 stehen. 2011 gab es erneut eine Volkszählung, doch hat sich an den Umständen bis heute wenig verändert: »Der seither geringe Wandel in den Sterberaten und dem Geschlechterverhältnis in Indien lässt es extrem unwahrscheinlich erscheinen, dass die Zahl der fehlenden Frauen von zwei Millionen im Jahr bis heute nennenswert abgenommen hat«, so Ray.

Diesen Schluss zieht auch Jayati Ghosh, Wirtschaftsprofessorin an der Jawaharlal-Nehru-Universität in Delhi. Sie zählt zu Indiens bekanntesten Ökonomen und lobt die Arbeiten von Anderson und Ray für ihre »sehr hohe Glaubwürdigkeit«. Im Ausland mag der Eindruck entstehen, es gehe für Indiens Frauen voran; dafür sorgen erfolgreiche Mikrokreditprogramme für Frauen in Südindien ebenso wie die herausragende Stellung einer sozial engagierten Politikerin wie Sonia Gandhi an der Regierungsspitze. »Seit die Unabhängigkeitsbewegung die Gleichberechtigung in Indien auf die Tagesordnung gesetzt und viele Frauen begeistert hat, gibt es allerdings eine starke Rückentwicklung. Ein, zwei starke Frauen an der Spitze haben unsere Kultur nicht verändert«, beobachtet Ghosh. »Grundsätzlich hat unsere Gesellschaft noch immer etwas gegen Frauen.«

Anderson und Ray fanden erst durch ihre Forschung zu dieser Erkenntnis. Sie selbst waren von den Ergebnissen ihrer Arbeit oftmals schockiert. Zum Beispiel als ihnen klarwurde, dass in Indien mehr Frauen im Alter von 15 bis 29 Jahren aufgrund von äußeren Verletzungen sterben als aufgrund von Problemen mit Schwangerschaft und Geburt. Insgesamt kamen sie auf die bereits zitierte jährliche Differenz von 225 000 mehr weiblichen als männlichen Todesopfern aufgrund von Verletzungen. Dann aber erkannten sie die Ursache: die große Zahl von Brautverbrennungen. »Auf einmal sprachen die kalten Statistiken zu uns«, sagt Ray.

Doch es gibt nicht nur das Morden wegen der Mitgift. Jungen Mädchen wird nicht genug zu essen gegeben, alte Frauen bekommen keine medizinische Versorgung mehr. Andersons und Rays Zahlen zeigen uns das ganze Ausmaß der von Staat und Gesellschaft geduldeten Gewalt gegen Frauen. Doch um es zu begreifen, bedarf es typischer Beispiele – auch die Forscher haben daran Interesse, um ihre Aussagen konkreter fassbar zu machen. Auf einer unserer Reportagereisen bieten wir Anderson und Ray daher an, direkt mit einem indischen Sozialarbeiter in Verbindung zu treten, der sich vor Ort um vom Hungertod bedrohte Kinder kümmert.

Die Wissenschaftler schicken aus diesem Anlass Fragen per E-Mail nach Indien: »Zu dem Fall der 18 Monate alten Anchal aus dem Dorf Ghuman, die gestorben ist, würde ich gerne wissen: Reagieren Mutter und Vater unterschiedlich auf ihren Tod? Haben sie dem Mädchen das gleiche Essen wie ihrem Sohn gegeben?«, fragt Anderson. Ray ergänzt die Mail: »Bekommen Mädchen von den Eltern die gleiche Medizin wie Jungen? Gehen sie genauso oft zum Arzt?« Ihre Fragen zielen darauf, die diskriminierende Behandlung von Mädchen zu dokumentieren, denn naturgemäß ist die Todesursache Diskriminierung kaum unmittelbar nachweisbar. Doch Vernachlässigung und Misshandlung zeigen Langzeitfolgen, und die führen dazu, dass vor allem Frauen und Mädchen an Erkrankungen und Verletzungen sterben, die andernfalls nicht zum Tode führen würden.

Ramnaresh Yadav, der Sozialarbeiter, an den sich die Fragen richten, macht an diesem Tag im Frühjahr 2013 an einer Kreuzung zweier Sandwege im Dschungel zwischen den Dörfern Sangi und Jawa im indischen Bundesstaat Madhya Pradesh an einem kleinen Verkaufsstand halt, um sich bei einem Tee mit heißer Milch und Zucker den Fragen der westlichen Forscher länger zu widmen. Er erinnert sich: »Die Eltern haben beide geweint, als Anchal starb: die Mutter mit lauten Schreien, der Vater ein paar stille Tränen.«

Yadav ist ein junger, ruhiger Mann aus einer niedrigen Handwerkerkaste. Für die NGO »Recht auf Ernährung« tourt er durch die Dörfer im Nordosten des zentralindischen Bundesstaates, einer der ärmsten Regionen der Welt. Von einer Lehmhütte zur nächsten geht er, von einem hungernden Kind zum anderen. Das ist sein Job.

Am Morgen war er im Dorf Ghuman, hat dort nicht nur über die tote Anchal geredet, sondern auch die anderthalbjährige Pratima in den Armen gehalten. Schlapp und mit dünnen Gliedern hing sie da, wog nur 4,2 Kilo, konnte weder reden noch laufen oder krabbeln. »Sie wird sterben«, sagte ihre Mutter Munni Kol, eine vor der Zeit gealterte 40-jährige Frau im roten Sari. Doch Yadav versprach Hilfe. Er telefonierte lange, dann hatte er Pratima einen Platz im »Ernährungs-Rehabilitations-Zentrum« einer weit entfernten Krankenstation verschafft. Dort sollte das Mädchen zum ersten Mal in seinem Leben genug zu essen bekommen.

Auf Bitten der Forscher fährt Yadav an diesem Nachmittag noch einmal nach Ghuman zurück, besucht die Eltern von Anchal am Dorfrand vor ihrer Lehmhütte und fragt sie: »Habt ihr dem Mädchen das gleiche Essen wie eurem Sohn gegeben?« – »Wir behandeln die Kinder gleich«, antwortet Ram Kailash, Anchals 35 Jahre alter Vater.

Aber das sagen in Indien alle: Eltern, Lehrer, Beamte, Politiker. Gleichberechtigung gehört zum offiziellen Diskurs. Doch der täuscht, und Yadav weiß es genau, er kennt die Familie gut, hat sie oft besucht und das Zusammenleben beobachtet. »Sie haben ihrem Sohn immer mehr zu essen gegeben als ihren zwei Mädchen. Wenn Anchal oder ihre Schwester eine zweite Portion wollten, wurden sie von den Eltern weggeschubst. Doch der Junge bekam immer zweimal. Und natürlich gingen sie mit dem Jungen zum Arzt, wenn er krank war, und gaben ihm Medikamente. Anchal dagegen hatte mehrmals Fieber, aber die Eltern gingen mit ihr nicht zum Arzt.«

Dass Yadav die Wahrheit sagt, sieht man Anchals Familie auf den ersten Blick an: Der kräftige Vater, ein Ziegeleiarbeiter, hält seinen gut genährten, dreijährigen Sohn auf dem Armen und spricht mit lauter Stimme.

Neben ihm steht stumm seine schüchterne Frau und wehrt beschämt die Umklammerungsversuche ihrer erstgeborenen Tochter ab. Sie geben ein typisches indisches Familienbild ab: hier der gehegte Sohn, dort die lästige Tochter. Waren also die eigenen Eltern Anchals Totengräber? Haben sie ihren Tod sehenden Auges in Kauf genommen?

Dahinter steckt die Frage nach den Tätern und Verantwortlichen. Anderson und Ray haben sie sich bislang bewusst nicht gestellt. »Kann man den Eltern von Anchal einen Vorwurf machen?«, fragt sich Anderson. »Die Eltern verfügen über ein absolutes Niedrigsteinkommen, und Mädchen sind in Indien nun mal eine riesige ökonomische Belastung. Sie verlassen ihre Familie bei der Heirat und bringen keinerlei Einnahmen«, resümiert sie, ganz aus der Sicht der Ökonomin. Doch kann man Eltern, die ihre Tochter verhungern lassen, während sie ihren Sohn ausreichend ernähren, wirklich so einfach freisprechen?

Und wieso lässt eine Gesellschaft so etwas zu, warum schaut die politische Elite weg? Der führende Kongresspartei-Politiker Mani Shankar Aiyar, Abgeordneter im Oberhaus des indischen Parlaments, langjähriger Minister und Vertrauter der regierenden Gandhi-Familie, bestreitet das Problem nicht. »Die akademischen Erkenntnisse von Amartya Sen und anderen erzählen uns keine neue Geschichte. Traditionell ist die indische Gesellschaft von einem starken Geschlechtervorurteil gegen Mädchen und Frauen geprägt«, sagt Aiyar. Doch spricht auch dieser Spitzenpolitiker ohne schlechtes Gewissen. Denn er ist überzeugt, dass seine Partei seit der Unabhängigkeit Indiens vor über 60 Jahren ihr Bestes versuchte, um die Gleichberechtigung der Frau durchzusetzen. »Von oben, mit bürokratischen, staatlichen Mitteln«, sagt Aiyar. Das aber sei der falsche Weg gewesen. Denn in der Mitte der Gesellschaft sei davon nichts angekommen.

»Unsere ganze Politik scheiterte stets auf Dorfebene«, sagt Aiyar. Als Minister bemühte er sich deshalb lange Jahre um die Selbstverwaltung der Kommunen. Er erreichte, dass in den seit den 1990er Jahren frei gewählten Dorfparlamenten 30 Prozent der Sitze für Frauen reserviert sind. Macht zusammen mehr als 1,5 Millionen mehr oder weniger demokratisch gewählte Frauen in Indien. »Wir haben mehr Frauen in Parlamenten als die ganze Welt zusammen«, sagt Aiyar. Doch er weiß auch, dass das bisher wenig nützt. Denn die Dorfparlamente haben in der Regel weder Geld noch Macht. »Es gibt bis heute keine wirkliche Beteiligung der Frauen an wichtigen Entscheidungen, weder in der Familie noch in der Politik. Dafür ist die gesamte politische Klasse des Landes verantwortlich«, analysiert Aiyar. Er fordert deshalb ein Umdenken. Er ist ehrlicher als die meisten. Doch die ungeheuren Opferzahlen der indischen Frauen würde auch Aiyar nicht laut aussprechen. »Um die fehlenden Frauen wiederzufinden, bedarf es einer Systemrevolution. Nur haben wir dafür im Zuge des großen Wirtschaftsbooms der letzten 20 Jahre den Blick verloren«, sagt Aiyar.

Ohne dass er es merkt, wird die Argumentation des Spitzenpolitikers äußerst widersprüchlich: Denn eben dieser Wirtschaftsboom war es, der Indien in den Pantheon der erfolgreichen Schwellenländer beförderte. Dem, folgt man den Analysen vieler Unternehmensberater, eine rasch wachsende Mittelschicht zu verdanken war, die nicht nur dem Konsum frönte, sondern sich die Aufklärung erstritt. Zugleich sollte der Boom dazu dienen, Millionen von Menschen aus bitterster Armut zu befreien. Doch wie wir später noch sehen werden, kommt von der höheren Wirtschaftsleistung nur wenig bei jenen an, die bedürftig sind. Und nun soll eben dieses indische Wirtschaftswunder schuld daran sein, dass das Ansehen der Frau nicht steigt?

Im kollektiven Indientaumel verlor der Blick seine Schärfe – der Blick von innen, aber auch der von außen. Wer achtete schon darauf, dass sich das untertänige Frauenbild in Bollywood-Filmen über die vergangenen Jahre kaum veränderte? Und wehe dem, der das kritisierte. Er stieß in den Wirtschaftswunderjahren nur auf Unverständnis, ja auf aggressive Ablehnung. Denn der Wachstumserfolg schien das Land und seine Entwicklung zu bestätigen. Viele Inder stellen sich heute gerade in Frauenfragen selbstbewusst Kritik entgegen. Sie sind stolz auf ihre Sitten: Nicht die Kindesheirat gilt als unmoralisch, sondern die Scheidung. Unmoralisch ist es für den Mann nicht, die eigene Frau im Haus einzuschließen, sondern sie nach Einbruch der Dunkelheit noch aus dem Haus zu lassen. Seit Mahatma Gandhi, der Vater der Nation, lehrte: »Sie ist passiv, er ist aktiv.

Sie ist im Wesentlichen Gebieterin des Hauses, er ist der Brotverdiener«, hat sich im Bewusstsein so viel nicht verändert. Das erklärt auch, warum ein neues Phänomen wie die Brautverbrennungen nicht für allgemeine Entrüstung sorgt.

Gandhis traditionelle Auffassung der Frauenrolle spiegelt sich bis heute in der geringen Zahl der Frauen, die außer Haus arbeiten: Je nach Umfrage sind es lediglich 13 bis 25 Prozent der erwerbsfähigen Inderinnen, die am Arbeitsprozess teilnehmen. Auch fürchten sich 96 Prozent der Bürgerinnen Delhis, nach Einbruch der Dunkelheit aus dem Haus zu gehen. Und das oft zu Recht. Viele Eltern weigern sich aus diesem Grunde, ihren Töchtern eine Tätigkeit in den Callcentern in Bangalore zu erlauben – sie müssten dort auch Nachtschichten schieben. So bleiben die allermeisten Inderinnen zu Hause – aber sie sind gerade dort ihrer Würde und Unversehrtheit nicht sicher.

Bei so viel Ignoranz gegenüber der Gewalt, der Frauen alltäglich in Indien zum Opfer fallen, ist es umso wichtiger, deren fürchterliche Kosten zu benennen: Zwei Millionen Frauen, die aufgrund von Diskriminierung, Hass und Verachtung sterben – wie lange kann sich die indische Gesellschaft das leisten? Wie lange noch schweigen sich die internationale Politik, die Staatengemeinschaft, die Menschenrechtsorganisationen über die Opfer aus? Je genauer man die Kosten der Tode bemessen und veranschaulichen kann, desto besser. Und dafür braucht man belastbare Zahlen. »Unser Beitrag ist es, das Ausmaß des Problems darzustellen«, sagt Anderson in Vancouver.

Anderson und Ray haben deshalb die nächste Forschungsaufgabe schon vor sich: In einer Augenklinik in der Stadt Madurai in Südindien untersuchen sie das Verhalten von Tausenden männlicher und weiblicher Patienten. »Unsere ersten Ergebnisse zeigen, dass Frauen später als Männer Krankenversorgung in Anspruch nehmen, und zwar auch dann, wenn sie von den Ärzten gleich behandelt werden«, berichtet Ray. Ihm geht es dabei um Frauen, die sich nicht trauen, zum Arzt zu gehen, oder die von ihrer Familie nicht zum Arzt gelassen werden. Oft habe das zur Folge, dass sie zu spät zur Behandlung kämen und deshalb früher sterben müssten. Ray glaubt, dass kaum jemand in Indien dieses Problem zur Kenntnis nimmt. Er wollte deshalb noch im Laufe des Jahres 2013 nach Madurai reisen, um die Zahl der fehlenden Frauen in Indiens Krankenhäusern zu berechnen.

KAPITEL 4

Geschichten der Opfer

Die Zahlen, die Ökonomen und Statistiker zusammentragen, geben eine Vorstellung vom Ausmaß der indischen Katastrophe. Doch die Wirklichkeit beschreiben sie nicht. Das können nur die Leidtragenden selbst, die Frauen und Kinder, denen in Indien eine wirksame Lobby fehlt. Ihnen gehören die nächsten Kapitel.

Tödliche Diskriminierung begleitet die indischen Frauen bis ins hohe Alter. Zwar ist die Witwenverbrennung heute verboten, aber dessen ungeachtet gelten Witwen immer noch als gesellschaftlich nutzlos. Oft werden sie von ihren Familien verstoßen und müssen als Einsiedlerinnen leben. Soziologen sprechen deshalb vom »sozialen Tod«, den Indiens 40 Millionen Witwen nach dem Ableben des Mannes erleiden. Ihr rechtmäßiges Erbe wird ihnen entzogen. Niemand kümmert sich um ihre Krankenversorgung.

Die Sozialarbeiterin Babita Chopra vom Center for Advocacy and Research (CFAR) in Delhi betreut Fälle wie den der 62-jährigen Witwe Shakuntala Arora. Sie holt sie in der Hütte ihrer geschiedenen Tochter ab, um mit ihr zum Bezirksgericht zu fahren. Dort verhandelt Chopra dann einen ganzen Tag lang in Aroras Namen mit Richtern und Justizpersonal über eine gerichtliche Anordnung, die der Witwe die Hälfte des Erbes ihres verstorbenen Mannes sichern soll. Denn ihr Sohn hat ihr alles genommen und die Mutter verjagt. Arora versteckt sich den ganzen Tag lang hinter einem braunen Wolltuch. Sie ist das Verstecken gewohnt. »Ich habe kein Geld und kein Haus. Nur meine geschiedene Tochter lädt mich noch zu sich ein. Die Gesellschaft sieht in uns Witwen das Böse«, sagt Arora. Zwischen den Verhandlungen sitzt sie vor dem Gericht auf dem Bordstein und ruht sich aus. Chopra reicht ihr einen Tee vom Straßenstand.

Bei näherem Kennenlernen ist die alte Arora eine gesprächsoffene, selbstbewusste Frau. Sie hat viel durchgemacht: Unterernährung in der Kindheit; Schwiegereltern, die sie prügelten; acht Geburten, davon nur ein Sohn – und jetzt das isolierte Witwenleben. Doch sie hat ihre innere Unabhängigkeit bewahrt. Bitter zieht sie Bilanz: »Unser Land schreit nach Söhnen, will immer mehr Söhne – aber guckt euch an, was mein eigener Sohn mir antut!«

Im seinem Heimatort im indischen Dschungel besinnt sich NGO-Mitarbeiter Ramnaresh Yadav auf den Fall einer jungen Ehefrau, die durch Diskriminierung zu Tode kam, und lenkt den Jeep in das Dorf Nagmar, um den Zementmaschinenarbeiter Indlal Kol zu treffen. Schwitzend, die Hände und Füße zementverschmiert, steht der 29-jährige Kol eine halbe Stunde später vor seiner Lehmhütte. Über ihm spendet ein alter Neem-Baum Schatten, dessen Blätter er zum Zähneputzen benutzt. Von seinem Arbeitsplatz ist Kol den langen Weg gelaufen und hofft nun, von Yadav mehr über die Todesumstände seiner Frau, Asha Kol, zu erfahren, die mit 25 Jahren bei der Geburt ihres zweiten Kindes verblutet ist.

Kol holt ein kleines Passfoto seiner Frau und ihre letzten Habseligkeiten hervor: Saris und etwas Schmuck. Er sagt, er könne seit ihrem Tod nicht mehr in ihrer gemeinsamen Hütte schlafen, weil er sonst die ganze Zeit an sie denken müsse. Ihr neugeborenes Mädchen starb zwei Wochen nach der Geburt. »Wir hatten keine Muttermilch, nur Kuhmilch. Deshalb ist sie gestorben«, entschuldigt sich Kol für den Tod seiner Tochter. Das Baby aber wäre auch gestorben, wenn es ein Junge gewesen wäre. Sein Tod ist also allenfalls eine mittelbare Folge der Frauendiskriminierung. Doch seine Mutter Asha Kol könnte noch leben, wenn sie nicht bis zu ihrem letzten Tag unter den Folgen der Frauendiskriminierung zu leiden gehabt hätte. Yadav kannte sie gut.

Asha stammte aus einer armen Familie mit sieben Töchtern und einem Sohn. Alles drehte sich in der Familie um den einen Bruder. Nie gab es genug für alle zu essen. Leidtragende waren immer die Frauen und Mädchen. Sie blieben ihr Leben lang unterernährt und schwach. Yadav wusste deshalb, dass Asha wie viele Frauen im Dschungel an Blutarmut litt. Letztere ist eine Folge der Mangelernährung, und für Frauen wie Asha sind Blutungen bei der Geburt lebensgefährlich. Yadav hatte Ashas Arzt auf die Gefahr hingewiesen. Doch als dieser entschied, Asha für eine Bluttransfusion ins größere Kreiskrankenhaus der Stadt Rewa bringen zu lassen, war es schon zu spät. Sie starb auf der staubigen Matratze in einem Zimmer des Dorfkrankenhauses. Damit ging sie in eine unschöne Statistik ein: 68 000 Frauen im gebärfähigen Alter erleiden im indischen Bundesstaat Madhya Pradesh jedes Jahr einen allzu frühen Tod. Eine besonders hohe Rate.

Die Lebensgefahr für Indiens Frauen beginnt schon im Bauch der Mutter, wenn sich die Familie nur einen Jungen und kein Mädchen wünscht. Das Ultraschallgerät spricht dann das Todesurteil. Besonders häufig geschieht dies in Mittelschichtsfamilien in den Städten. Die Motive sind materialistisch. Die Täter wollen eine moderne, dreiköpfige Kleinfamilie. Mit Sohn, weil sich das besser rechnet.

»Die Motive für den Mord an der ungeborenen Tochter entstammen einer sehr zeitgemäßen Einstellung – man will große Hochzeiten, große Geschenke und einen stolzen Sohn, aber keine wirtschaftlich unnütze Tochter«, sagt Shanta Sinha, Vorsitzende der Nationalen Kommission für Kinderrechte in Indien. »Wir sehen hier eine Brutalisierung der individuellen Einstellung zum menschlichen Leben, wie sie erst die Modernisierung hervorbringen konnte«, glaubt sie. Der Mädchenmord wäre demnach nicht nur Folge eines patriarchalischen Kulturerbes, sondern ebenso Folge des Sittenverfalls in einer modernen Konsumgesellschaft. Das menschenverachtende Denken hat sich in den guten Stuben eingerichtet. Und deren Zahl nimmt dank des wirtschaftlichen Aufschwungs Indiens rasch zu.

Der Demografieexperte Christopher Guilmoto vom Institut de recherche pour le développement (IRD), einem interdisziplinären Institut zur Erforschung weltweiter Entwicklungsfragen in Paris, hat ausgerechnet, dass selektive Abtreibungen und Kindesmorde allein in Asien 117 Millionen Frauenleben gekostet haben. Indische Forscher entnahmen den Volkszählungen der letzten 20 Jahre, dass in Indien bis zu 12 Millionen ungeborene Mädchen zwischen 1991 und 2011 durch selektive Abtreibung vernichtet wurden.

Dieses Wissen aber führte bisher weder in Indien noch im Rest der Welt zu einem Aufschrei. »Über unsere Mädchen fegt ein tödlicher Tsunami, wir erleben einen ethischen Zusammenbruch unserer Gesellschaft, aber niemand regt sich auf«, sagt die Vorsitzende der Kinderrechtskommission Sinha. Sie verlangt deshalb mehr Kritik, auch internationale.

Als Folge des Mädchenmordens droht nach Ansicht einiger Experten noch in diesem Jahrhundert das größte Geschlechterungleichgewicht der Menschheitsgeschichte. Der Demografieforscher Guilmoto spricht von einer alarmierenden Maskulinisierung der Welt. Soziologen sehen im Frauenmangel gar eine zukünftige Ursache für soziale Gewalt und Krieg – Männerüberschuss und Kapitalakkumulation könnten eine verstärkte Militarisierung zur Folge haben.

Früher dachte man, dass wirtschaftlicher Fortschritt und umfassendere Bildung den Gesellschaften die geschlechtsbezogene Gewalt austreiben würden. Man führte alte, patriarchalische Gesellschaften wie die in Südchina oder Nordindien als Beispiele für die Unterdrückung von Frauen und Töchtern an. Dieser Gewalt gegen Frauen haftete in den Augen der westlichen Welt ein Schauder des Exotischen an.

In Wirklichkeit aber findet die Gewalt in der Mitte der indischen Gesellschaft statt. Demografen erkennen nun, dass die Gewalt gegen Frauen mit der Modernisierung voranschritt. Seit der Jahrtausendwende breitet sich der Frauenschwund im reichen Süden, den großen Städten und sogar im liberalen Kerala aus. Ausgerechnet das moderne, schnell wachsende Delhi ist eine Hochburg des Geschlechtermords. Hier wurden zuletzt nur noch 860 Mädchen pro 1000 Jungen geboren.

Niemand in der Hauptstadt will darüber reden. Gynäkologen, Sozialarbeiter, Gesundheitsbeamte und Frauengruppen – alle sagen Gespräche ab. Dann stoßen wir in der Delhier Vorstadt Bhalswa Dairy auf die 80-jährige Hebamme Sumitra Arora. Ihr kleines pinkfarbenes Ziegelhaus liegt genau zwischen einer achtspurigen Ausfahrtsstraße und einem der größten Müllberge Delhis. »Früher war hier ein großes Loch für den Müll«, sagt Arora. Sie meint das nicht ironisch. Denn ihre Nachbarn leben fast alle von der Müllverarbeitung, und zwar nicht schlecht. Früher hatten sie Lehmhütten, heute bunte Ziegelhäuser, in denen Kühlschränke und Fernseher laufen. Früher bekamen sie ihre Kinder mit Aroras Hilfe zu Hause, heute gehen die Frauen zur Geburt ins Krankenhaus. »Ich selbst schicke sie heute dorthin«, sagt Arora.

Die alte Hebamme kennt das Seelenleben der schwangeren Frauen. Damals wie heute, sagt Arora, wolle eine schwangere Frau nicht abtreiben, egal ob sie einen Jungen oder ein Mädchen in sich trägt. Aber der Druck sei gewachsen. »Alle verlangen einen Jungen«, erklärt Arora.

Früher führte Arora ihre Hand an die Gebärmutter der Frau und befühlte den Fötus. Im dritten Monat der Schwangerschaft konnte sie mit Sicherheit sein Geschlecht bestimmen. Sie lag nie falsch. Doch ihr Wissen blieb ein Geheimnis unter zwei Frauen. Wenn es ein Mädchen war, tröstete sie die Frau und sagte ihr, sie müsste es eben später noch einmal versuchen. Meistens funktionierte das. Von Abtreibung war keine Rede. Doch drei Dinge haben die Lage der schwangeren Frau verändert: das Ultraschallgerät, das Kalkül der Kleinfamilie und die Abtreibungspille.

Heute gibt es kein Geheimnis mehr um das Geschlecht des Kindes. Der Mann zwingt die Schwangere zur Ultraschalluntersuchung. Und wenn es ein Mädchen ist, kann die Mutter nicht mehr so leicht sagen: Dann versuchen wir es später noch mal. Denn auch sie möchte nur noch ein, höchstens zwei Kinder. Früher schon war eine Tochter wegen der höheren Aussteuer eine zusätzliche Last; heute fallen außerdem noch Schul- und Erziehungskosten für sie an, soll der Lebensstandard weiter steigen, gibt es neue materielle Bedürfnisse. Deshalb müssen es weniger Kinder sein – aber unter ihnen mindestens ein Sohn als »Stammhalter«.

Arora fällt auf, dass der religiöse Glaube bei den Familienentscheidungen keine Rolle mehr spielt. Für die Moslems in ihrem Viertel waren Kinder früher Gottesgeschenke. Heute treiben sie ab wie alle anderen. Für die Hindus pilgerte Arora früher zur Fruchtbarkeitsgöttin Vaishna Devi nach Kaschmir. Die Göttin beschützt auch die Frauen und Mädchen. Doch von Vaishna Devi wollen die jungen Frauen heute nichts mehr hören. »Sie glauben nicht mehr an die Götter«, sagt Arora.

Stattdessen glauben sie an die Abtreibungspille. Sie kostet in Delhi umgerechnet zwischen fünf und acht Euro. »Keine Frau hat Angst vor ihr«, sagt Arora. Wenn dann nach der Einnahme die Blutungen beginnen, gehen die Frauen ins Krankenhaus. Dort kostet die Ausschabung der Gebärmutter umgerechnet 40 bis 60 Euro.

Arora humpelt durch die Gassen neben dem Müllberg und führt uns zu einer Familie, in der sie drei Kinder zur Welt brachte: erst zwei Mädchen, dann einen Jungen. Die alte Hebamme ist eng mit der Mutter befreundet. Man spürt, dass die beiden Frauen ein Geheimnis verbindet. Sie haben es per Hausgeburt geschafft, gegen alle äußeren Zwänge zwei Mädchen zu entbinden, von denen die Älteste jetzt schon auf dem Bett der Mutter hockt und eifrig schreiben lernt. Einen Moment lang sind Mutter und Hebamme allein in einem gut möblierten Zimmer mit vielen elektrischen Geräten. Da sagt die Mutter schnell: »Das dritte Mädchen hätte ich nicht mehr geschafft. Der Druck war einfach zu groß. Gott sei Dank war es dann wirklich ein Junge. Sonst hätte ich auch abtreiben müssen.« So, wie sie spricht, ist die selektive Abtreibung auch in ihrem prosperierenden Viertel längst eine Selbstverständlichkeit.

Nur wenige wagen es, den Geschlechtermord rundheraus zu bekämpfen. Kein anderer hat das in Indien so wirkungsvoll getan wie Deepak Dahiya, der ehemalige Gesundheitsamtsleiter des Bundesstaates Haryana. Haryana ist einer jener besonders patriarchalischen Bundesstaaten Nordindiens, in denen der Frauenanteil schon immer gering war. Als die indische Regierung 1996 ein neues Gesetz erließ, das die Geschlechtsbestimmung von Föten unter hohe Gefängnisstrafen stellte, war Dahiya dafür verantwortlich, die nunmehr illegalen Ultraschalluntersuchungen aufzudecken und vor Gericht anzuzeigen. Dahiya tat seinen Job. Er stellte ein Ermittlungsteam zusammen und schickte seine Leute mit versteckten Kameras und Mikrofonen in die Praxen der Gynäkologen. Zwischen 2001 und 2005 brachte er in Haryana 30 Ärzte vor Gericht. 20 von ihnen wurden zu mehrjährigen Gefängnisstrafen verurteilt.

Von der ersten Anzeige im Jahr 2001 bis zur ersten Verurteilung eines Arztes im Jahr 2006 begleitete die nationale Presse Dahiyas Feldzug mit zahlreichen Titelgeschichten. Sein Name war im ganzen Land bekannt. Plötzlich zogen die Mädchengeburten in Haryana wieder an. 2005 aber wurde Dahiya pensioniert. Heute sitzt er in der Zahnarztpraxis seines Sohnes im Delhier

Nobelvorort Gurgaon und stellt frustriert fest: »Ich hatte keine Nachfolger. Der Völkermord an den Mädchen geht ungestört weiter.« Das Gesetz existiert immer noch, aber seit er nicht mehr in Haryana arbeitet, ist in Indien kaum ein Arzt wegen Geschlechterbestimmung mehr zu Gefängnisstrafen verurteilt worden.

Die Diskriminierung der Mädchen setzt sich nach der Geburt fort: Wer auf dem Land so arm ist, dass er sich keine Ultraschalluntersuchung leisten kann, lässt die als überflüssig empfundene Tochter nicht selten im Kleinkindalter verhungern. Oder gibt ihr im Krankheitsfall keine Medikamente, so dass bei Unterernährung schon eine einfache Infektion tödlich ausgehen kann.

Ein Ende ist nicht in Sicht. Es war eben die Ausnahme, als 2011 genau 222 Mädchen in einer öffentlichen Zeremonie neue Namen erhielten. Bislang lautete der Name, den ihre Eltern ihnen mit auf den Weg gaben, Nakusa oder Nakoshi – »die Unerwünschte«, »die Ungewollte«. »An ihrer Vergangenheit können wir nichts mehr ändern. Wir wollen ihnen aber die Scham nehmen, Nakusa oder Nakoshi getauft worden zu sein, und ihnen so Wege in die Zukunft öffnen«, sagte Bhagwan Pawar, der zuständige Vertreter der Gesundheitsbehörde, der den Einfall zur Umbenennung hatte.

Talente, die sich in einer Frau verkörpern, werden in Indien zum ganz überwiegenden Teil nicht entwickelt. Die niederländische Politikerin Varina Tjon A. Ten hat in einer großen Studie auf die Gefährdung der »Millennium-Ziele« durch Tabuisierung der Menstruation in armen Gesellschaften hingewiesen. Mädchen, die nicht aufgeklärt sind und kein Geld haben, für ihre Monatshygiene zu sorgen, trauen sich mit dem Einsetzen ihrer Periode nicht mehr in die Schule. Sie bleiben für immer zu Hause, arbeiten im Haushalt und auf den Feldern. Schulen und Betriebe, die keine Toiletten besitzen, schrecken Mädchen stärker ab als Jungen – und tatsächlich haben die meisten Schulen Indiens keine sanitären Einrichtungen.

Das nächste größere Todesrisiko für die Frau wartet dann mit der ersten Schwangerschaft. 47 Prozent aller indischen Frauen werden laut UNESCO noch im Kindesalter verheiratet, und die meisten von ihnen werden sofort nach der Hochzeit schwanger. Oft sind sie einfach noch zu jung für eine Schwangerschaft und sterben deshalb bei der Geburt. Oder sie sind unterernährt und leiden an Blutarmut: Dann können wie für Asha Kol auch spätere Geburten lebensgefährlich sein.

Es ist für westliche Beobachter nicht einfach, sich in das Leben der Diskriminierungsopfer hineinzuversetzen. Keine weltweit bekannte Menschenrechtsorganisation, keine UN-Botschafterin Angelina Jolie gibt ihnen eine Stimme. Vor allem aber sind sie allein, niemand fährt zu ihnen. Aus den vom Frauensterben am meisten betroffenen Bundesstaaten wie Madhya Pradesh, Uttar Pradesh und Bihar wird in den westlichen Medien so gut wie nie berichtet. Ebenso wenig nimmt man die Opfer in den indischen Medien wahr.

Das Thema Frauendiskriminierung bleibt so im Verborgenen. Selbst viele NGO-Mitarbeiter in den erwähnten Bundesstaaten sprechen nicht darüber. Lieber sagen sie, dass alle Armen an Hunger leiden. In Bhopal, der Hauptstadt des Bundesstaates Madhya Pradesh, analysiert der Gründer und Leiter von »Recht auf Ernährung« das Unrecht: »Ein unterernährtes Mädchen besitzt für die meisten Familien im Dorf keine Priorität. Wenn es stirbt, bemühen viele Eltern die Ausrede, dass sie sich ja auch um die Ziegen hätten kümmern müssen«, sagt Sachin Jain. Der 39-jährige Sozialforscher trägt eine traditionelle Kurta, sitzt vor einem alten Computer im Büro seiner Organisation und tippt Umfragedaten ein. Gemeinsam mit der Regierung von Madhya Pradesh arbeitet er derzeit an der Entwicklung eines Dorfmodells, bei dem die Hungerbekämpfung nicht mehr auf staatlichen Almosen beruht. Er gilt als einer der führenden Experten für Unterernährung in Indien.

Jain schlägt Alarm: »In Madhya Pradesh steht heute das Überleben des weiblichen Kindes auf dem Spiel.« Er verweist auf Zahlen von den letzten beiden Volkszählungen. Demnach hat sich das Geschlechterverhältnis der unter Sechsjährigen im Bundesstaat von 1000 Jungen zu 932 Mädchen im Jahr 2001 auf 1000 Jungen zu 912 Mädchen im Jahr 2011 dramatisch zu Ungunsten der Mädchen verschlechtert. Hinter diesen Zahlen verbirgt sich eine deutlich höhere Sterblichkeitsrate der Mädchen als der Jungen.

Doch wer vernimmt solche Warnungen?

KAPITEL 5

Nirbhaya – eine Frau wird zur Heldin

Aufstände finden in Indien im Winter statt, wenn es nicht zu heiß zum Demonstrieren ist. Früher war das die Zeit der großen Bauernmärsche auf Delhi. Im Winter 2011 schien der Protest wieder einmal hochzuschwappen, als der Antikorruptionskämpfer Anna Hazare den alten Geist der Bewegung Mahatma Gandhis wiederbelebte. Noch dramatischer aber war der Jahreswechsel 2012/2013. Für kurze Zeit kochte die indische Volksseele. Plötzlich und unvorhersehbar hatte ein Ereignis das ganze Land in den Zustand einer moralischen Revolte versetzt: eine Vergewaltigung.

»Nur weil ich meine Beine zeige, werde ich sie nicht spreizen«, schrieb eine Demonstrantin auf ihr Plakat. Andere waren direkter: »Tod den Vergewaltigern!«, forderten sie oder: »Kastriert sie!« Nachdem in Neu-Delhi eine 23-jährige Studentin mehrfach brutal vergewaltigt worden war, gingen in Indiens Hauptstadt Tausende auf die Straße und forderten von Staat und Polizei mehr Sicherheit für Frauen. Voran marschierte die junge Bildungselite der Hauptstadt, die Leute, die man für unpolitisch gehalten hatte oder auf dem Weg nach Harvard oder Cambridge glaubte. Männer protestierten für ihre Frauen. Das Verbrechen hatte in einem wohlhabenden Teil der Hauptstadt stattgefunden. Auch die neue Mittelschicht protestierte.

Die Polizei reagierte mit Wasserwerfern und Tränengas. Die Frauen auf der Straße schrien. Am nächsten Tag schrieb der ehemalige Chefredakteur der *Hindustan Times*, Prem Shankar Jha, die meisten Frauen würden in Indien ohnehin auf Polizeistationen vergewaltigt. Waren in Indien Frauen denn nirgendwo sicher?

Die Vorgeschichte dieser Revolte begann am Sonntag, dem 16. Dezember 2012. An diesem Tag geht eine 23-jährige Physiotherapiestudentin am frühen Abend mit einem Freund ins Kino. Auf dem Rückweg wollen die beiden erst eine Auto-Rikscha nehmen. Doch die wartenden Rikscha-Fahrer verlangen wie üblich hohe Aufschläge. Also gehen die zwei zur nahen Bushaltestelle. Einer der in Delhi üblichen Privatbusse hält an, die beiden steigen ein. Drinnen warten sechs Männer. Einer ist der Busfahrer, ein anderer ist Trainer in einem Fitnessstudio, ein dritter Gemüsehändler – alles sechs kommen aus den Slums inmitten der Hauptstadt Delhi. Die sechs jungen Männer schlagen erst den Begleiter zusammen und vergewaltigen dann nacheinander die Studentin, ohne den Bus anzuhalten. Dabei misshandeln sie die junge Frau mit einer Eisenstange, sie zerstören ihre inneren Organe. Später werfen sie ihr Opfer nackt auf die Straße. Das alles spielt sich zwischen den Stadtteilen Saket und Vasant Vihar ab, im besten Delhi.

»Es war ein barbarischer Akt. In den zwanzig Jahren meiner beruflichen Tätigkeit habe ich nie ein Opfer sexueller Gewalt gesehen, das solcher Brutalität ausgesetzt war«, sagte später der behandelnde Arzt.

Erst nachdem die junge Studentin ihren inneren Verletzungen erlegen war, bekam sie wieder einen Namen. Ihre wahre Identität wird zum Schutz ihrer Familie bis heute diskret behandelt. Dafür aber tauften Internetgemeinde und Medien das Opfer.

»Nirbhaya«, die Angstfreie, »Amanaat«, die Kostbare, oder »Damini«. Damini hieß die Hauptdarstellerin, die in einem Bollywood-Film für ein sexuell missbrauchtes Hausmädchen eintrat. Die Namen zeugten von der Ehre, die gerade junge Inderinnen und Inder dem Mord- und Vergewaltigungsopfer erwiesen. Nirbhaya, wie die meisten sie nannten, wurde im Zuge der Winterrevolte 2012 zur Symbolfigur für den Kampf um die Sicherheit und die Rechte der Frauen auf dem Subkontinent.

Über Wochen schien es, als ob der Tod der jungen Frau das Land aufgerüttelt hätte. An manchen Orten gründeten Frauen Selbsthilfegruppen, die Vorsorge gegen Männergewalt trafen. Eine von ihnen, die »Rote Brigade« in der nordindischen Stadt Lucknow, zog viele westliche Medien an. Begeistert berichteten die Journalisten – darunter auch wir, gleich zu Beginn ihres Engagements – von der Brigadeführerin Uma. Sie bekam bald Spenden aus aller Welt.

Endlich schien etwas zu geschehen, wenn auch nicht immer nur Erfreuliches. In öffentlichen Bussen tauchten plötzlich Sicherheitskameras auf. Die staatliche Waffenfabrik entwickelte einen »Damenrevolver«, der im Gedenken an die Studentin »Nirbheek« heißen sollte. In Bombay verwüstete eine Frauengruppe die stadtbekannte Bar Bonobo im modernen Stadtviertel Bandra und forderte, deren Gründer zu verhaften. Der Anlass: Die Bar bot den Cocktail Balatkari an. Das Wort heißt »Vergewaltiger«.

Auch Polizei und Justiz reagierten. Schnell waren die Täter von Delhi gefasst. Einer von ihnen starb später unter fragwürdigen Umständen in der Haft. Die anderen wurden, bis auf einen Minderjährigen, zum Tod durch den Strang verurteilt. Im ganzen Land war die Polizei nun aufgerufen, die Fahndung nach Vergewaltigern zu intensivieren. Neue Gesetze folgten, die heute Schnellprozesse gegen der Vergewaltigung Angeklagte ermöglichen. Die Polizei in Delhi verstärkte ihre Streifen.

Doch genutzt hat all das wenig. Ein Jahr später, im Winter 2013/2014, fühlten sich Indiens Frauen nicht sicherer. Zu viele Vergewaltigungen geschehen. Mitte Januar 2014 wurde eine junge Deutsche in einem fahrenden Zug vergewaltigt. Fast zur gleichen Zeit wurde eine 51-jährige Dänin Opfer, als sie in der Altstadt von Delhi nach dem Weg zu ihrem Hotel fragte. Im April 2013 wurde eine Fünfjährige im Bundesstaat Madhya Pradesh von zwei Männern 48 Stunden lang missbraucht und starb kurz darauf. Im August war eine Siebenjährige tagelang in einer Zugtoilette vergewaltigt worden. Eine Bande von fünf Männern machte sich im gleichen Monat über eine 22-jährige Fotografin in Bombay her. Im Oktober wurde eine 16-Jährige von einer Gruppe Männer vergewaltigt, sie erstattete Anzeige. Auf dem Weg von der Polizeiwache wurde sie zum zweiten Mal von mehreren Männern vergewaltigt. Sie ging erneut zur Polizei. Am 23. Dezember zündeten zwei der Täter das Mädchen an.

Das sind Einzelschicksale, aber kein Einzelfälle. Nirbhaya und andere Vergewaltigungsopfer, die aufgrund der Mordlust ihrer Täter in die Medien gerieten, verkörpern jedoch nur die Spitze der Brutalität gegen Frauen in Indien. Sie sind Symbole der Gewalt gegen Frauen, leider die einzigen, die die breite Öffentlichkeit erreichen. Die alltägliche, nicht im engeren Sinne sexuell motivierte Gewalt gegen Indiens Frauen, die wir in diesem Buch beschreiben, ist indes nicht minder brutal und opferträchtig.

Vergewaltigungen sind nur die Straftaten gegen Frauen, die im modernen indischen Stadtleben auch den Bessergestellten am ehesten ins Auge fallen. »Inderinnen, die ihre traditionelle Hausfrauenrolle hinter sich lassen, stoßen hier auf die klassische männliche Antwort, die ihnen verbietet, Haus und Wohnung zu verlassen«, sagt die indische Frauenrechtlerin Albina Shakeel. »Wenn sie dennoch gehen, entsteht bei den Männern ein Ärger, der in vielen Fällen in sexueller Belästigung und Vergewaltigung mündet.«

Das klingt nach einer allzu einfachen Antwort, entspricht aber vermutlich oft den Tatsachen. Auffällig ist, dass Bollywood-Filme immer noch ein Frauenbild propagieren, in dem Frauen sich mit ihrem Opferstatus gern abfinden. Oder dass Großfamilien und Dorfgemeinschaften Vergewaltigungen als Strafaktionen billigen. Im Jahr 2011 wurden in Indien 24 206 Vergewaltigungen angezeigt. Die Dunkelziffer dürfte deutlich höher sein. 26,4 Prozent aller abgeschlossenen Vergewaltigungsfälle führten bisher vor Gericht zu einer Verurteilung des Mannes. 85 Prozent aller bekannten Fälle aber sind seit Jahren vor Gericht anhängig und warten auf ein Urteil.

Aus solchen Zahlen spricht noch mehr als nur Ignoranz und Arroganz. Der indische Staat missachtet die Rechte der Opfer. Pratap Bhanu Mehta, Präsident des einflussreichen »Zentrums für Politikforschung« in Delhi, gab den Ohnmächtigen eine Stimme: »Bei dieser Revolte geht es um mehr als Vergewaltigungen. Sie wird von der offenen, allgemeinen und im Großen und Ganzen gerechtfertigten Verachtung für den Staat getragen. Das Gesetz ist für die Menschen ein Glücksspiel. Beschützer sind zu Feinden geworden. Rechtschaffenheit wird von Bestechlichkeit verdrängt«, urteilte Mehta nach dem heißen Dezember 2012.

Dabei waren die Gefahren für die aufstrebende junge Frauengeneration, zu der auch Nirbhaya zählte, schon früher deutlich geworden. Seit Jahren zieht es immer mehr junge Frauen in die Softwareindustrie und ihre Callcenter, wo sie von gutem Geld und einer Karriere in einem ausländischen Konzern träumen. Auch wenn viele Eltern die Aussicht auf Schichtdienst und damit die nächtliche Abwesenheit ihrer Töchter fürchten, sind heute ein Drittel der Mitarbeiter in Indiens hoch entwickelter Softwareindustrie Frauen. Im wachsenden Geschäft mit der Auslagerung von Geschäftsprozessen und Anrufzentren liegt der Frauenanteil sogar bei gut 50 Prozent. Sie wollen sich beruflich verwirklichen, Wohlstand erlangen. Doch immer wieder kommt es selbst in den geschützten Arbeitswelten der Hightech-konzerne zu Übergriffen auf junge Frauen.

Aufgeweckt wurde die Branche 2007 durch die Misshandlung und den Mord an der 22-jährigen Jyoti Choudhry, Mitarbeiterin im Callcenter Spectramind des Softwarekonzerns Wipro. Das Opfer bestieg am Abend seines letzten Arbeitstages ein vom Unternehmen ange-fordertes Taxi und wurde dann vom Fahrer und seinem befreundeten Beifahrer misshandelt und ermordet. 2012 verhängte der Oberste Gerichtshof in Bombay das Todesurteil gegen die Mörder von Choudhry. Schon im Dezember 2005 war eine 24 Jahre alte Mitarbeiterin im Callcenter von Hewlett-Packard in der Softwarehaupt-stadt Bangalore nach Schichtende vom Fahrer des Fir-menwagens entführt, im Auto vergewaltigt und ermor-det worden. Ein vergleichbarer Fall ereignete sich 2010 schließlich auch in Delhi, als die Mitarbeiterin eines Callcenters nach der Arbeit von fünf Männern in einem fahrenden Kleinlaster vergewaltigt wurde. Daraufhin forderte die Polizei die Unternehmen vor Ort auf, Listen ihrer Fahrer und der angeforderten Taxis zu erstellen.

Zugleich riet die Polizei den Unternehmen, nur ihre »erfahrensten und verlässlichsten Fahrer« für den Transport der Mitarbeiterinnen einzusetzen.

Schon nach dem Mord an der Wipro-Mitarbeiterin war der damalige Präsident des Branchenverbandes Nasscom, Kiran Karnik, gezwungen, Stellung zu den Sicherheitsbedingungen der Mitarbeiterinnen zu nehmen. »So etwas passiert vor allem aufgrund der zunehmenden Kriminalisierung. Dieser Fall hat nichts damit zu tun, dass es sich um ein Callcenter handelt. Er ist vor allem darauf zurückzuführen, dass immer mehr Frauen arbeiten«, sagte er. Das war eine typische Reaktion: Am Ende, so wird suggeriert, sind die Frauen selbst schuld, wenn sie arbeiten und sich auf dem Arbeitsweg in Gefahr begeben. Aber so denken viele indische Männer. Als die Probleme der Frauen nicht nachließen, fühlte sich die Branche fünf Jahre später erneut in der Pflicht. Som Mittal, mittlerweile Präsident von Nasscom, kündigte an, dass die Firmen »ihre Richtlinien überprüfen«, die eine sichere Heimfahrt der Mitarbeiterinnen auch nachts garantierten. »Frauen sollten niemals die Ersten oder die Letzten sein, die abgeholt werden. Zweitens muss Technologie eingesetzt werden, um die Sicherheit zu verbessern. Drittens brauchen wir Wachmänner in den Taxis.« Nun wollte man also mit verstärkten Sicherheitsmaßnahmen auf die Vergewaltigungsgefahr reagieren.

Und diesmal nahmen die Unternehmen die Sache ernst. »Wir werden, eine Viertelstunde nachdem wir zu Hause angekommen sind, von unserem Transportteam angerufen, um zu prüfen, ob alles glattgegangen ist.

Sind wir die Letzte, die abgesetzt wird, begleiten uns der Fahrer und ein Sicherheitsmann. Das erscheint mir als ein sehr effektiver Weg, unsere Sicherheit zu garantieren«, erzählte bald darauf die Mitarbeiterin eines global tätigen Unternehmens in Bangalore.

Heute halten sich die meisten Unternehmen der Branche an die neuen Nasscom-Richtlinien. Sie halten die Mitarbeiterinnen unter anderem dazu an, sehr aufmerksam zu reagieren, sollte der Fahrer die Route ändern. Fehlt ein Sicherheitsmann im Taxi, sollten sie sofort die Transport-Hotline ihres Unternehmens anrufen. Der zweitgrößte Softwarekonzern Indiens, Infosys, hält eigene Sicherheitsseminare für weibliche Mitarbeiterinnen ab und bietet ihnen ein Sicherheitstraining für Heimfahrten an. Frauen, die bei Infosys arbeiten wollen, müssen sich zu einem Hochsicherheitstransport bereiterklären – zu ihrem eigenen Schutz. Sondermaßnahmen gibt es auch beim Outsourcing-Unternehmen WNS Holdings: Hier wird der Hintergrund aller Sicherheitsleute überprüft, die die jungen Frauen begleiten. Fingerabdrücke und Fotos aller Fahrer und Wachmänner werden gespeichert. GPS-Systeme halten fortwährend Standort und Strecke der Frauen-Firmenwagen fest. »Wir sind extrem vorsichtig, wenn es um die Sicherheit unserer weiblichen Mitarbeiter geht«, lässt sich der WNS-Vorstandsvorsitzende Keshav Murugesh zitieren. Die Hälfte seiner Angestellten in Indien sind Frauen.

Die Firmen meinen es gut. Dass die Maßnahmen nötig sind, ist ein Armutszeugnis, beweist es doch vor allem:

Die Frauen sind in der Defensive. Wer einen guten Job hat, sieht sich gezwungen, aufwendige Sicherheitsvorkehrungen zu treffen. Dabei sind weibliche Firmenangestellte im Allgemeinen schon aus Angst selten allein unterwegs. Sie organisieren ihre Fahrten, im Zweifelsfall wird eine Verabredung gestrichen. Oder es wird gar der Arbeitsplatz gewechselt, wenn ein halbwegs sicherer Arbeitsweg nicht einzurichten ist. Während sie mit dem Taxi fahren, telefonieren sie ununterbrochen mit dem Handy, um in Kontakt mit der Außenwelt zu bleiben.

Die meisten Inderinnen sind von klein auf in dieses Klima der angstgesteuerten Gefahrenabwehr hineingewachsen. Ausländerinnen müssen sich diese besondere Form der Vorsicht erst angewöhnen: »Während meiner Zugfahrt wurde ich immer wieder ungefragt fotografiert und angefasst. Dabei achtete ich ganz bewusst auf mein Verhalten gegenüber Männern. (…) Ich versuchte, auf den Boden zu starren und keine Miene zu verziehen. Gar nicht so einfach. Vor allem als ich in Jaipur auf einmal mitten in kulturelle Festlichkeiten geriet. Wieder Menschenmassen mit hohem Männeranteil. Es dauerte nicht lang, da kam eine Gruppe auf mich zu und griff an meine Brüste«, schreibt die Reisebloggerin Katharina Finke. Freiheit für Frauen ist etwas ganz anderes.

Tatsächlich trauen die Inderinnen vor allem dem öffentlichen Schutz durch Polizei und Behörden nicht. Das zeigte sich auch im Fall Nirbhaya. Kurz vor ihrem Tod ließ die Regierung Nirbhaya ins gut 4000 Kilometer entfernte Singapur ausfliegen – angeblich wegen der besseren medizinischen Versorgung dort. Doch niemand wollte das glauben. »Als Arzt würde ich sagen, es war total unvernünftig, sie zu verlegen, während ihre Infektionen sich ausbreiteten«, sagte ein Arzt des All India Institute of Medical Sciences, der ungenannt bleiben will. Es blieb der schale Eindruck, dass die indische Regierung mit aller Macht den Tod der jungen Frau vor Ort in Delhi abwenden wollte. Dann wäre es wohl zu noch heftigeren Protesten gekommen.

Die Familie Nirbhayas passte in das Bild eines neuen, aufgeklärten Indien. Vor einem Vierteljahrhundert aus dem ärmlichen Bundesstaat Uttar Pradesh nach Delhi gekommen, verdiente der Vater als Lagerarbeiter am Flughafen rund 5000 Rupien (60 Euro) im Monat – zu wenig, um die Ausbildung der drei Kinder zu sichern. Viele indische Familien hätten ihr letztes Geld zusammengerafft, um die Tochter schnell, oft schon mit zehn oder elf Jahren, zu verheiraten. Dafür hätten sie eine hohe Aussteuer zahlen müssen, danach aber hätte das Mädchen ihnen nicht mehr auf der Tasche gelegen. Nicht so der Vater Nirbhayas: Er verkaufte einen Flecken Land in seinem Heimatort, um der Tochter eine Ausbildung zur Physiotherapeutin bezahlen zu können. Dafür verlangte die Familie von ihr, ihre beiden Brüder zu unterstützen, sobald sie ein eigenes Gehalt beziehe. Die junge Frau studierte im Bundesstaat Uttarakhand. Im Dezember 2012 aber machte sie im Rahmen ihrer Ausbildung ein Praktikum in einem Privatkrankenhaus in Delhi. Vor ihr lag eine vielversprechende Zukunft.

Ihre Mörder aber standen für das alte, ärmliche Indien. Vier von ihnen lebten im Ravi-Dass-Camp, einem Slum im Süden der Hauptstadt. Vor einem ähnlichen Slum entstand das Autorenfoto für dieses Buch. Der Anführer der Bande, der 33 Jahre alte Ram Singh, und sein jüngerer Bruder waren mit ihren Eltern vor mehr als 20 Jahren aus Rajasthan nach Delhi gezogen, um sich als Straßenarbeiter zu verdingen. Singh flog von der Schule. Er heiratete, seine Frau starb, er hatte einen Verkehrsunfall, kehrte in den Verschlag der Eltern nach Ravi Dass zurück, versank in Alkohol und Depression – Hilfe gab es nicht. Er schlug sich als Busfahrer durch. Die Folgen seiner Tat und das Entsetzen darüber überschritten wohl sein Vorstellungsvermögen.

Vielen der aus ländlichen Verhältnissen stammenden Täter scheint jedes Gespür für Frauen als gleichberechtigte Individuen zu fehlen. Sie treffen in den Städten auf eine Modernität, die schlagartig mit der wachsenden Mittelklasse, mit Fernsehen und Internet Einzug hält. Ihre Traditionen und ihr Glaube stehen dann oft im krassen Gegensatz zu den aufgesetzten Werten der modernen Metropolengesellschaft. Gefangen in diesem Widerspruch, geht den Tätern schnell das Unrechtsbewusstsein verloren, gerade bei ihrem Handeln gegen Frauen.

»Während einer Zugfahrt in der Sleeper Class war ich einmal die einzige Frau in einem Sechserabteil, in dem ausschließlich indische Männer saßen. Mitten in der Nacht merkte ich, dass einer von ihnen onanierte und mich dabei ansah. Obwohl er merkte, dass ich entsetzt war, machte er einfach weiter«, berichtete die Journalistin Stella Brikey. Am Rande des Prozesses in Bombay gegen die Vergewaltiger der 22-jährigen Fotografin sagte ein Zeuge: »Die Täter benahmen sich wie Kinder, die einen Hund gefunden hatten, dem sie ein paar Feuerwerkskörper an den Schwanz gebunden haben: nur um zu sehen, was passiert.«

Auch auf dem Land geschehen unvorstellbare Vergewaltigungen. Im Januar 2014 verurteilte der Rat eines Dorfes eine 20-Jährige, 50000 Rupien (600 Euro) zu zahlen. Ihr Verbrechen: Sie soll eine Affäre mit einem Mann eines anderen Stammes gehabt haben. Da weder sie noch ihre Eltern die hohe Summe aufbieten konnten, verurteilte der 20-köpfige Rat die junge Frau ein zweites Mal: zur Gruppenvergewaltigung durch den Dorfrat. Nach der Urteilsvollstreckung verhinderten die Männer die Einlieferung ihres Opfers in eine Klinik. Als die Frau das Krankenhaus doch noch erreichte, waren ihre Verletzungen lebensbedrohlich. Die Polizei nahm daraufhin zehn der vermutlich dreizehn Täter im Dorf fest. Dann aber marschierten die Frauen des Dorfes zur Polizeiwache, befreiten ihre Männer und ließen verlauten, die Strafe sei angemessen gewesen und ihre Männer seien unschuldig.

Es gibt nichts zu entschuldigen. Aber es gibt Erklärungsansätze. Indien ist gespalten zwischen altem Stammesrecht, Kastenbräuchen und Moderne. Immer wieder prallen Rollenbilder aufeinander, die für beide Seiten unverständlich bleiben. Sie werden noch verschärft durch ein soziales Gefälle, das vielen unüberbrückbar erscheint. Indische Männer wachsen in einer Gesellschaft auf, in der Geschlechtlichkeit extrem tabuisiert ist, in der Frauen das tun müssen, was sie seit Jahrtausenden tun. Als Kind gehorcht das Mädchen dem Vater, als Ehefrau dem Ehemann, als Mutter dem Sohn. Demütig wie die Hindu-Göttin Sita.

Letztlich könnte nur ein funktionierender Staat ordnend, schützend und vor allem auf- und erklärend eingreifen. Auch in Indien ist eine Vergewaltigung laut Gesetz ein schweres Verbrechen. »Unternehmen können nicht die Rolle der Polizei übernehmen«, warnte Nasscom-Chef Mittal. Damit legte er den Finger in die Wunde – der Staat muss seinen Bürgerinnen die Unversehrtheit so weit als möglich garantieren.

Eben deshalb aber war das Desinteresse der Politik am Fall Nirbhaya ein solcher Augenöffner. Zwei Wochen waren vergangen, bis Ministerpräsident Manmohan Singh Worte für Nirbhaya fand. Andere Politiker hatten den Fall zuvor heruntergespielt. Die Menschen aber, die sich nach Nirbhayas Tod über Wochen und Monate entlang der alten Sternwarte Jantar Mantar vor dem Parlament in Delhi versammelten und Mahnwachen hielten, verlangten mehr. Viel mehr. Sie forderten Sicherheit; einen Staat, der arbeitet; Politiker, die Verantwortung übernehmen. Der Bruder der getöteten Studentin in Delhi sagte im Dezember 2013 zum einjährigen Todestag seiner Schwester: »Wir denken, dass die Gesellschaft als Ganzes ihre Haltung ändern muss.« Ein Jahr zuvor schrieb der Bollywood-Filmemacher Mahesh Bhatt unter dem Eindruck des Mordes an Nirbhaya: »Schließt all eure Tempel, in denen ihr vorgebt, den weiblichen Formen zu huldigen. Weine, Indien! Deine Hände sind mit dem Blut deiner Töchter getränkt.«

KAPITEL 6

Indiens sterbende Kinder

Romatas Kleider liegen auf einem Haufen roter Sandsteine: ein schwarzes Hemd, eine grüne Mütze und Unterwäsche. Mehr Kleider besaß das zwölf Monate alte Mädchen nicht. Sie schmücken jetzt ihr Grab. Darüber steht Romatas Vater und schluchzt. Vor Stunden noch hielt er seine Tochter lebend in den Armen. »Ich hatte keine Ahnung, dass sie sterben würde«, sagt Chunbad Mawabi, ein 25-jähriger Landarbeiter im Dorf Patni einige hundert Kilometer nordöstlich von Bombay.

Keine Ahnung? Romata hatte dünne Arme, einen dicken Bauch und statt der schwarzen bräunliche Haare – die Zeichen von Hunger und Unterernährung. Ihre Geschwister sehen nicht anders aus. Wusste der Vater wirklich nicht, dass seine Tochter in Lebensgefahr schwebte? Wollte er Romatas Elend nicht wahrhaben? So wie die indische Regierung und die ganze Welt den Hunger im Land nicht wahrhaben wollen?

»Den Hunger haben wir fast überall in Indien besiegt«, sagte der indische Finanzminister Palaniappan Chidambaram. Der Satz wurde im Fernsehen übertragen, genau an dem Tag, an dem Romata starb. So oder ähnlich antworten indische Regierungspolitiker meist, wenn sie nach der Hungersnot im Land gefragt werden. Aber der Satz ist eine Lüge. Eine, die oft erzählt und oft geglaubt wird. Die Wahrheit ist eine andere: Im Jahr 2012 hauchten nach Angaben von UNICEF jeden Tag 3835 Kinder wie Romata still und unbemerkt ihr Leben in Indien aus.

Man kann die Kinder überall im Land sterben sehen mit ihren winzigen aufgeblähten Bäuchlein und ihren fingerdünnen Gliedmaßen. Zwar gibt es Fortschritte, aber ein Ende der Katastrophe ist nicht in Sicht. Im Jahr 1990 starben laut UNICEF 3,1 Millionen indische Kinder unter fünf Jahren, 2011 waren es noch 1,7 Millionen, 2012 auf Basis neuer Berechnungsmodelle 1,4 Millionen. Rund 90 Prozent davon sterben an Hunger, schätzen Entwicklungsexperten. Ökonomen und Organisationen wie UNICEF und die Weltbank gehen von einem deutlich niedrigeren Anteil aus, weil sie Erkältungen, Durchfall, Masern oder Ähnliches als eigenständige Todesursache gelten lassen. Dabei enden solche Krankheiten meist nur dann tödlich, wenn die Kinder zuvor drastisch unterernährt waren. In Indien sterben sogar zahlreiche Jugendliche und Erwachsene an den Folgen von Hunger und Mangelernährung. Nur lässt sich ihre Zahl aufgrund der vielfältigeren Todesursachen im höheren Alter nicht genau ermitteln.

Es ist eine alte Geschichte, aber das macht sie nicht weniger dramatisch. Schon vor 20 Jahren, zu Beginn der marktwirtschaftlichen Reformen, starben in Indien im Jahr drei Millionen Kinder. Insofern hat sich die Lage im Vergleich zu damals verbessert. Doch das ändert nichts daran, dass das indische Massensterben weitergeht. Durchschnittlich über zwei Millionen tote Kinder pro Jahr in den vergangenen zwei Jahrzehnten, das sind mindestens 40 Millionen seit Beginn der Wirtschaftsreformen im Jahr 1991. Das sind Opferzahlen wie in den Weltkriegen. Mehr Menschen, als unter Chinas berüchtigtem »Großen Sprung nach vorn« verhungert sind. Es ist einer der größten Menschenrechtsskandale der Welt. Indien ist heute ein Land, das alle Mittel hat, seinen Nachwuchs zu ernähren. Es ist so wohlhabend, dass es Entwicklungshilfe aus den meisten Industrieländern ablehnt und schon nach dem großen Tsunami im Jahr 2005 auf alle Hilfe aus dem Ausland verzichtete. Eben das aber verleitet zur Verharmlosung – vor allem unter Ökonomen. Viele von ihnen glauben blind, das hohe Wachstum werde die Probleme schon irgendwie lösen. Jagdish Bhagwati, Wirtschaftsprofessor an der Columbia-Universität in New York, dessen Indien-Expertise weltweit hoch geschätzt wird, spricht für viele in seiner Zunft, wenn er sagt: »Indiens Wachstum kommt allen zugute.«

Doch vor Ort herrscht eine andere, bittere Wirklichkeit. Nirgendwo auf der ganzen Welt ist die Kindersterblichkeit – und daraus kann man rückschließen: der Hunger unter Kindern – größer als in Zentralindien. Es wird dort in einem Ausmaß gehungert, das allenfalls mit Äthiopien oder dem Tschad zu vergleichen ist.

Doch anders als Äthiopien ist der Hunger in Indien in der weltweiten Öffentlichkeit nahezu unbekannt. Jenseits der pulsierenden Provinzhauptstadt Bhopal kann man tagelang auf neuen Straßen durch seit Jahrtausenden kultivierte Landschaften brausen. Man kann einen der berühmten Tiger-Safariparks besuchen und sich auf den Spuren von Rudyard Kipling wähnen, der hier das *Dschungelbuch* schrieb. Unterwegs sieht man im Frühling gut stehenden Weizen und gelb blühende Senffelder. Ein Hungerland, denkt der flüchtige Besucher, sieht anders aus.

Doch sobald man die asphaltierte Überlandstraße mit ihren prosperierenden Städtchen und Marktflecken verlässt, über Feldwege schaukelt und in einem Dorf wie Patni Station macht, eröffnet sich eine andere, vergessene Welt. In ihr lebt die Mehrheit der indischen Bevölkerung in größter Armut. Besitzlosigkeit und Kastendiskriminierung prägen den Alltag. In ihr hat Vater Mawabi mit seiner kleinen Tochter Romata gewohnt: in einer Lehmhütte mit zwei älteren Geschwistern. Gemeinsam mit seinem Bruder hat Mawabi einen Hektar Land zu bewirtschaften. Nicht genug für die beiden Familien. Dem Bruder verhungerten bereits zwei Kinder. Jetzt traf es Romata. Mawabi führt uns in seine Hütte. Er läuft barfuß, trägt graue Hosen, ein zerrissenes Hemd. Drinnen gibt es nur ein Zimmer und außer zwei Bambusliegen keine Möbel. Über der Kochstelle aus Lehm zieht der Rauch durch das verrußte Strohdach ab. Mawabi nimmt in die eine Hand einen kleinen Sack Reis, in die andere einen etwas größeren Sack Weizen. »Das ist alles, was wir zum Essen haben«, sagt er. »Keine Linsen, keine Bohnen.« Doch der Landwirtschaftsökonom Prateek Kumar, der uns zu Romatas Familie begleitet hat, will es von Mawabi genau wissen: »Was hat Romata vor ihrem Tod gegessen?« Kumar ist in dieser Gegend der einzige Akademiker weit und breit: ein junger, fröhlicher Idealist selbst inmitten dieses Elends. Er leitet eine Zwei-Mann-NGO für Kinderrechte im Kreis Satna. Er führt Listen über verhungerte und vom Hunger bedrohte Kinder, die er an die verantwortlichen Regierungsstellen schickt. Kumar macht das regelmäßig seit 2008. Antwort erhielt er bisher nur einmal von einem Beamten in Bhopal, der Hilfe versprach, die nie kam. Auch die lokalen Medien nehmen von seinen Opfermeldungen kaum Notiz, sie berichten lieber über Mord und Diebstahl. Allein in den letzten drei Monaten aber zählte Kumar in den drei Dutzend Dörfern, die er betreut, 28 Kinder unter fünf Jahren, die unter seinen Augen verhungerten.

Patni kennt er besonders gut: Hier verhungerten laut seiner Liste in den vergangenen zwei Jahren 24 Kinder. Doch bevor er Romata dazuzählt, will er sicher sein, dass sie wirklich an Hunger starb: Wie viele staatlich vergünstigte Lebensmittelrationen die Familie zuletzt erhielt, fragt er Mawabi. Wie viel von der staatlichen Nahrungshilfe für Kinder. Ob Romata geimpft wurde. Wann sie zuletzt im Anganwadi war, dem staatlichen Kindergesundheitszentrum von Patni. Mawabis Antworten erzählen vom Scheitern der traditionellen indischen Hungerbekämpfung. Er bekam im Januar 20 Kilo Weizen und Reis zum staatlich verbilligten Preis für Arme. Nach dem Gesetz stehen ihm 35 Kilo zu. Im Anganwadi bekam er im Monat eine 750-Gramm-Tüte mit gehaltvoller Proteinnahrung für seine Kinder ausgehändigt. Allein für Romata hätte ihm jede Woche eine solche Tüte zugestanden. Das staatliche Arbeitsbeschaffungsprogramm half ihm auch nicht: Zuletzt arbeitete er dafür 20 Tage im vergangenen Juni – und bekam nur für 15 Tage Lohn ausgezahlt. Der ist längst verbraucht, und andere Einnahmen hat Mawabi in Patni nicht.

Die staatliche Lebensmittelvergabe an die Armen läuft schon seit den 1950er Jahren. In den Siebzigern wurden eine Million Anganwadis errichtet, eines für jedes indische Dorf. Sie sollen speziell auf die Kinderernährung und auf Impfungen achten. Seit 2005 gibt es ein staatliches Arbeitsbeschaffungsprogramm für alle Armen, das ihnen 100 Tage öffentliche Beschäftigung im Jahr zu einem stabilen Mindestlohn garantiert. Würde auch nur eines dieser drei Programme leidlich funktionieren, müsste in Indien heute vielleicht niemand mehr hungern. Doch sie funktionieren nicht.

Wo aber sind all die staatlichen Hilfsmittel geblieben? Darüber diskutiert im Nachbardorf Amiriti der Dorfrat – öffentlich unter einem alten Affenbrotbaum. Ein solches Treffen gibt es nur dreimal im Jahr. Viele Landarbeiter der Umgebung sind gekommen. Sie tragen zerschlissene Kleider und sitzen auf der blanken Erde. In ihrer Mitte steht aufrecht ein Mann in schwarz-weißem Bügelhemd und Anzughose. Arun Pandey ist 29 Jahre alt und arbeitet als Grafiker in der Kreisstadt Satna. Er besucht heute seine Familie in Amiriti, um das Wort gegen die Dorfratsvorsitzende und ihren Ehemann zu führen. »Das Leben in Amiriti ist voller Entbehrungen. Aber was immer die Regierung an Leistungen verspricht: Niemand im Dorfrat fühlt sich dafür verantwortlich. Alles fällt der Korruption zum Opfer«, ruft Pandey. Laut Gesetz bekomme der Dorfrat staatliche Mittel für Pensionen, Straßen, die Schule und für die Kinderernährung. »Wer von uns hat je von Maßnahmen des Dorfrats profitiert?«, fragt Pandey. Die Landarbeiter applaudieren. Die öffentliche Sitzung des Rats zählt zu den jüngsten Reformen im Kampf gegen den Hunger.

Früher verwalteten Beamte der Provinzregierung alle auf Dorfebene zugeteilten Mittel. Heute kann der Dorfrat zumindest theoretisch vieles selbst entscheiden. Das sollte die Mittelvergabe effizienter und transparenter machen. Doch meistens sind die Honoratioren vor Ort überfordert, sie haben keinerlei Erfahrung in öffentlicher Verwaltung. Dann übernimmt häufig eine Familie den Dorfrat und lenkt ihn nach Gutdünken und in ihrem Privatinteresse. So auch in Amiriti, wo der Vorsitz des Dorfrats von der Ehefrau des früheren Vorsitzenden ausgefüllt wird. »Der Dorfrat ist heute reicher und korrupter denn je«, diese Botschaft nimmt NGO-Mann Kumar denn auch von der Sitzung unter dem Affenbrotbaum mit.

Das Scheitern der staatlichen Hilfe enttäuscht auch diejenigen, die sie in der Hauptstadt Delhi entwickelt haben. Zu ihnen zählt der indische Ökonom Jean Drèze von der Delhi School of Economics. Er entwarf zu Beginn des Jahrhunderts das ländliche Arbeitsbeschaffungsprogramm. Gemeinsam mit Amartya Sen, dem indischen Nobelpreisträger für Wirtschaft, schrieb Drèze zuvor viele Bücher über die Bekämpfung von Hunger und Armut. Zum Teil lebten diese Schriften noch von Sens optimistischer These, die ihm 1998 den Nobelpreis einbrachte und der zufolge Demokratien keine Hungersnöte zulassen. Aber heute ist Drèze desillusioniert: Er macht nun gerade die demokratische Elite in Delhi für die Not verantwortlich. Hunger und Unterernährung seien für die Führung unter Premierminister Manmohan Singh nur noch »peinlich«, sagt Drèze, und ihre Bekämpfung »absolut nicht prioritär«. Die Regierung habe jeden Glauben in ihre eigenen Sozialprogramme verloren und betrachte sie als Geldverschwendung. »Es gibt keinen Glauben mehr an öffentliche Programme, keinen an die öffentliche Schule und auch keinen an die öffentliche Gesundheitsversorgung«, sagt Drèze. Zugleich ist er der festen Überzeugung, dass nur eine bessere öffentliche Schulerziehung und Gesundheitsversorgung den Hungertod in Indien beenden können.

Von einer politischen Prioritätensetzung für die Armen ist auch vor Ort in den Hungergebieten nichts zu spüren. Zwar fahren viele Bundesstaaten regelmäßig Rekordernten ein und verfügen seit Jahren über zweistelliges Wachstum. Doch der Hunger bleibt.

Dabei geht es in den am schlimmsten vom Hunger betroffenen Regionen in Zentral- und Nordindien nicht einmal um ein Minderheits-, sondern um ein Mehrheitsproblem. 60 Prozent aller Menschen hier sind unterernährt. Das schürt überall Existenzängste. Eltern aber sehen in ihren Kindern ihre zukünftigen Versorger. Je verzweifelter die Lage also ist, umso mehr Kinder werden geboren. Bei 3,1 Kindern pro Frau liegt die Fruchtbarkeitsrate zum Beispiel im Bundesstaat Madhya Pradesh. So ist die Bevölkerung des Bundesstaates allein im letzten Jahrzehnt von 60 auf 70 Millionen gestiegen. Reicht das, um zu erklären, warum die Neugeborenen nicht richtig versorgt werden?

Bei Mahender Hardia klingt es wie eine schlechte Ausrede, wenn der im Dezember 2013 wiedergewählte Gesundheitsminister von Madhya Pradesh klagt: »Alle zehn Jahre wird unsere Bevölkerung wiedergeboren.« Er ist für die höchste Kindersterblichkeit der Welt politisch verantwortlich. Hardia müsste gegen die Hungersnot kämpfen. Doch Hardia ist keine Kämpfernatur und weiß selbst nicht, warum ausgerechnet er Gesundheitsminister wurde. »Das hat der Chef entschieden«, sagt er. Der Gesundheitsminister empfängt in Bhopal, in einer prachtvollen Kolonialvilla mit Seeblick. Er trägt eine goldene Uhr und zwei rosa Diamanten in einem goldenen Ring. Immerhin leugnet er das Problem nicht, ganz im Gegensatz zum Finanzminister in Delhi. »Es gibt den Hunger noch«, sagt Hardia. Doch er tut nichts dagegen. Er muss sich erst eine Broschüre geben lassen und aus ihr vorlesen, um etwas über die Lebensmittelvergabe an unterernährte Kinder sagen zu können.

Aber Hardia geht es damit nicht anders als den demokratischen Politikern in Delhi und als den meisten politischen Beobachtern Indiens: Sie ignorieren das Problem. Hunger – das klingt in Indien altmodisch, als wäre er ein Phänomen aus Zeiten des Sozialismus vor der Reformperiode. Nur die Betroffenen wissen besser Bescheid. Der Landarbeiter Santosh Ahirwar spricht aus eigener Erfahrung. »Ich esse weniger, damit es meinen Kindern bessergeht«, sagt der Vater von vier Söhnen. Er macht das nicht nur aus Altruismus: »Wenn sich meine Söhne später nicht um mich kümmern, werde ich verhungern.« Es ist ein Teufelskreis. Denn Vater Ahirwar – er selbst ein großer, hagerer Mann – weiß wohl, wie es um seine Söhne steht. »Schau ihn dir an!«, ruft er seinen Jüngsten herbei. Bald steht ein spindeldürrer Dreijähriger neben ihm. Er heißt Ajay. »Glaubst du, dass er genug zu essen hat?«, fragt Ahirwar.

Die Familie lebt im Dorf Ajitpur im landwirtschaftlich geprägten Kreis Damoh in Zentralindien. Zu essen gibt es nur Weizenbrot, obwohl ringsherum relativer Wohlstand herrscht. Es ist die beste Jahreszeit, noch mangelt es nicht an Brunnenwasser für die Felder. Es gibt viel Gemüse. Die Viehbestände in Ajitpur – Kühe und Wasserbüffel – sind gut ernährt. Die meisten Kinder im Dorf sind es nicht. Tiere, Felder und Gemüse gehören den 50 Brahmanen- und Yadavfamilien von Ajitpur. Sie bilden die höheren Kasten. Die meisten Kinder aber gehören zur untersten Kaste, zu den 100 Familien der Unberührbaren im Dorf. Sie müssen inmitten des Wohlstands hungern.

In Ajitpur lassen sich zwei Gründe für das fortwährende Elend festmachen: die unvollständige Landreform und das Kastensystem. Zwar musste in Ajitpur vor Jahren der Großgrundbesitzer gehen. Aber bei der anschließenden Landverteilung gingen die Unberührbaren – die Mehrheit im Dorf – leer aus. Zudem blieb auch das Stigma erhalten, das auf der niedrigsten Kaste lastet. So muss Avadhrani, die Frau von Santosh Ahirwar, am Dorfbrunnen lange warten, bevor sie Wasser schöpfen darf. Erst wenn kein Mitglied einer höheren Kaste mehr am Brunnen ist, darf sie sich vorwagen. Die anderen Frauen würden sonst denken, dass sie das Wasser verschmutze. Kaum anders ergeht es Ahirwar bei der staatlichen Lebensmittelvergabe. Jedes Mal bedient man ihn zuletzt. Nie erhält er, was ihm zusteht. Aus seiner Hütte holt er eine fast leere Lebensmitteltüte vom Anganwadi, dem Kindergesundheitszentrum. Sofort reißen ihm seine beiden jüngsten Söhne die Tüte aus der Hand und streiten um die letzten Krümel darin. Ahirwar aber erzählt, dass man die Tüten im nahen Städtchen als Viehfutter verkaufe, statt sie den Unberührbaren auszuhändigen. Er selbst bekomme nur eine im Monat, obwohl ihm zwei pro Woche zustünden.

Es sind solche Erfahrungen, die die Unberührbaren davon abhalten, ihre Kinder zur Schule zu schicken. Von ihren knapp 300 Kindern besuchen an diesem Tag nur drei die Dorfschule. »Sie werden dort nur als Unberührbare behandelt, in die letzte Reihe gesetzt und verprügelt«, sagt Ahirwar. Ohne Schule aber kein Ausweg aus der Not.

Das ist nicht überall in Indien so. Bundesstaaten wie Kerala und Tamil Nadu im Süden, Himachal Pradesh im Norden und selbst das vom Bürgerkrieg mit den Maoisten zerrüttete Chhattisgarh haben durch viel soziale und bildungspolitische Eigeninitiative bewiesen, dass den Ärmsten geholfen werden kann, und zwar gerade auch den Unberührbaren. So zeigen die Studien des Ökonomen Amartya Lahiri von der University of British Columbia in Vancouver, dass die Unberührbaren in Indien landesweit seit 1983 bedeutende Fortschritte gemacht haben: Sie sind sozial mobiler geworden, verdienen in den Städten annähernd gleiche Löhne und haben eine bessere Schulbildung. Aber das trifft eben auf bevölkerungsreiche Armutsprovinzen wie Madhya Pradesh, Uttar Pradesh und Bihar nur sehr eingeschränkt zu. Lahiri macht dafür die Korruption verantwortlich: Die nötige Hungerhilfe »wäre nicht teuer«, sagt Lahiri. »Aber die Korruption tötet uns.«

Vielerorts kommt noch das Phänomen der Deindustrialisierung der Landwirtschaft hinzu. Früher gehörten viele Hungerregionen zum großen Baumwollgürtel Indiens. Doch mit dem Niedergang der indischen Textilindustrie und dem Ersatz von Baumwolle durch Kunststoffe stellten die Bauern auf Senf für die Ölherstellung um, der mit sehr viel geringerem Personaleinsatz angebaut werden kann. »Dadurch wurden Millionen Arbeitskräfte auf dem Land freigesetzt«, bilanziert der emeritierte Wirtschaftsprofessor Valabhdas Mehta in Bhopal. Der 80-Jährige hat sich intensiv mit Indiens Unterentwicklung beschäftigt. »Für mich sind Wachstum und Entwicklung keine systematischen Prozesse«, sagt er. Eben das aber bestreitet der indische Elite: Ökonomen, Politiker und Unternehmer verweisen stolz auf die Wachstumsraten des Landes, die letztlich auch den Ärmsten Nahrung bescheren sollen.

Die Ökonomin Pallavi Mali glaubt nicht daran. Seit 1995 hat sie vier Berichte über die humanitäre Entwicklung im Auftrag der Vereinten Nationen verfasst. »Wir sehen trotz steigendem Wirtschaftswachstum seit Jahren keinen Rückgang der Kindersterblichkeit«, sagt sie. Es ist ein großer Streit mit Millionen von Opfern. Der international bekannte indische Schriftsteller Pankaj Mishra fasst drastisch zusammen, dass die »Intensität der Entbehrungen in Madhya Pradesh nur mit denen im kriegszerstörten Kongo zu vergleichen ist«.

Tatsächlich ist die Entwicklung rückläufig: 1973 aßen die Menschen im ländlichen Indien bei meist schwerer körperlicher Arbeit täglich nur 2300 Kalorien, ermittelte das Ministerium für Statistik. 2010, fast 40 Jahre später, lag der Durchschnitt nur noch bei 2020 Kalorien. Nach den Berechnungen der Ökonomin Jayati Ghosh sind 620 Millionen Menschen in Indien unterernährt. Ghosh wiederspricht damit nicht den offiziellen Angaben. Denn selbst die Regierung vertritt die Ansicht, dass, wer täglich weniger als 2400 Kalorien zu sich nehme, Anspruch auf Lebensmittelhilfe habe.

Indiens Hungerdebatte führte nach langem Tauziehen und Blockaden im Parlament im Spätsommer 2013 zur Verabschiedung eines »Gesetzes zur Sicherheit der Lebensmittelversorgung«. Es räumt 75 Prozent der Landbevölkerung und der Hälfte der Städter das Recht ein, pro Monat 5 Kilogramm Reis zum Mini-Preis von 3 Rupien (4 Eurocent) pro Kilo oder fünf Kilo Weizen für 2 Rupien das Kilo zu beziehen. Der niedrigste Marktpreis pendelt um die 20 Rupien (25 Eurocent) je Kilo.

Das neue Gesetz, auch wenn es den Staat Milliarden kostet, klang verführerisch. Es ließ sich freilich trefflich darüber debattieren, ob die Armen wirklich gewinnen, wenn der Staat ihnen dauerhaft nahezu kostenlose Lebensmittel garantiert.

Über die Frage, ob zunächst Wachstum und dann Hilfe kommen müsste oder ob die Armen zunächst Hilfe bräuchten, um dann zum Wachstum beitragen zu können, stritten sich dann auch die Professoren Bhagwati und Sen im Sommer 2013 publikumswirksam. Dem Absatz ihrer beiden zu diesem Zeitpunkt erschienenen Bücher half das. Indien nicht. Denn es steht außer Frage, dass der Subkontinent beides braucht, und das so schnell wie nur möglich.

Im Parlament aber wurde über das Thema nicht einmal gestritten. Denn die Abgeordneten tagten einfach nicht, als das für so viele Menschen so wichtige Gesetz zum ersten Mal zur Abstimmung anstand. Einmal mehr blockierte die Opposition jedes politische Handeln in Neu-Delhi. Sie wollte Ministerpräsident Manmohan Singh zur Aufgabe zwingen, nachdem seine Regierung, vielleicht sogar er selbst, in Betrugsskandale verwickelt schien. Deutlich mehr als die Hälfte der Sitzungszeit fiel in der Legislaturperiode 2012/13 schlicht aus. Weil die Abgeordneten streikten.

Amartya Sen fand dafür deutliche Worte: »Die Politiker müssen erklären, wie viele Menschen täglich sterben, weil sie die Nahrungsmittelhilfe nicht durchbringen.« Zeitgleich erklärte die Hilfsorganisation Save the Children, Indien verzeichne die höchste Sterblichkeit von Müttern und den enormen Anteil von 29 Prozent an der weltweiten Todesrate von Neugeborenen. Allein 309 000 indische Babys stürben jährlich in den ersten 24 Stunden nach der Geburt. »Bekämen alle Neugeborenen dieselben Überlebenschancen wie die Babys der reichsten indischen Familien, würden mehr als 300 000 von ihnen jedes Jahr überleben«, heißt es bei der NGO.

Es dauerte dann bis zum Spätsommer 2013, bis die Regierung das neue Gesetz durchgepaukt hatte. Doch geholfen ist den Armen damit noch lange nicht. Denn alles spricht dafür, dass die Hilfe niemals bei ihnen ankommen wird. Die Weltbank schätzte 2011, dass 58 Prozent der Lebensmittelhilfen die Armen Indiens nicht erreichten – Weizen oder Linsen vergammeln in Lagerhäusern der Regierung oder werden unter der Hand von Beamten verkauft. Selbst die mächtige Planungskommission musste einräumen, dass 36 Prozent der subventionierten Lebensmittel »verschwinden«. Weitere 22 Prozent wurden an Menschen abgegeben, deren Bezugskarten für die Lebensmittelrationen gefälscht waren. Auch der Oberste Gerichtshof in Delhi ermittelte, 2012 habe das Verteilungssystem gerade in den Bundesstaaten versagt, die am bedürftigsten seien. Es geht um viel Geld: Die Regierung gibt im Fiskaljahr 14 Milliarden Dollar für Lebensmittelhilfen aus. Aber das Geld kommt bei den Falschen an. Sonst müsste Lahir nicht über Korruption klagen. Und Romata wäre nicht gestorben.

KAPITEL 7

Sackgasse Slum

Die Aluminiumschmelzer fachen mit Kohle ein Höllenfeuer unter einer offenen Wanne an. In den glühenden Bottich werfen sie zerquetschte Colabüchsen. »Drei Stunden dauert es, dann sind sie zu heißem Brei geschmolzen«, sagt Mohammed Javed. An dem fast nackten Körper des Mannes rinnt der Schweiß in Strömen hinab. Seine Arme und Beine sind von Narben übersäht. »Die bleiben, wenn mich mal ein Spritzer trifft. Das Aluminium ist 600 Grad heiß«, sagt Javed fast entschuldigend. Er hat fünf Kinder, ist 39 Jahre alt, sieht aus wie 60. Die Augen rot. Rot vom beißenden Rauch. Rot vom Schnaps, mit dem er seinen geschundenen Körper nach zehn Stunden Arbeit in der Schmelzer-Hölle betäubt. Manchmal schnüffeln die Männer auch Tipp-Ex aus Fläschchen, die die Büroangestellten in der Stadt weggeworfen haben. »Es ist nicht gesund, was wir hier machen. Aber der Job ist gut bezahlt«, sagt Javed. 7000 Rupien (80 Euro) bekommt er im Monat, dazu ein Dach über dem Kopf und etwas zu essen. Sein Arbeitsplatz ist ein verrauchter Holzverschlag in Dharavi, dem Slum im Herzen von Bombay.

Nicht nur auf dem Land herrscht himmelschreiende Armut. Sie herrscht auch in den Städten. Sicher, Satellitenstädte wie Gurgaon oder Noida vor den Toren Delhis entwickeln sich rasant, in Bombay schießen die Wolkenkratzer in den Himmel. Zugleich aber ergab die jüngste Volkszählung, dass die Zahl der Slumbewohner von 52 Millionen Menschen im Jahr 2001 auf 65 Millionen Menschen 2013 gestiegen ist. Da immer mehr Menschen ihrer verzweifelten Lage auf dem Lande, wo es nichts zu verdienen gibt, entfliehen wollen, wird geschätzt, dass die Zahl der Slumbewohner bis 2017 auf 104 Millionen ansteigt – fast ein Zehntel der indischen Bevölkerung. Und vielleicht ist selbst das noch zu niedrig angesetzt. Denn die Regierung hat die Zahl schon nach oben korrigiert: Noch 2011 war sie von gut 90 Millionen Slumbewohnern in 2017 ausgegangen. In nur zwei Jahren musste sie ihre Vorhersage um 14 Millionen Menschen erhöhen.

Natürlich wächst in Indien eine Mittelschicht heran, die über einen gewissen Wohlstand verfügt. Sie ist die interessanteste Zielgruppe für die meisten Unternehmen. Das Problem ist nur, dass das Gefälle zwischen Arm und Reich immer steiler wird. Diese Kluft berge das Risiko, die Stabilität und damit auch das Wachstum der Region zu gefährden, warnt die Asiatische Entwicklungsbank. »Hohe und wachsende Ungleichheit kann das gesamtwirtschaftliche Wachstum belasten, weil sie das Sozialgefüge angreift und den Trend zu ineffizienter, populistischer Politik verstärkt«, warnt die Bank. Gemessen wird die Ungleichheit weltweit mit dem Gini-Koeffizienten, der in den drei größten sich entwickelnden Volkswirtschaften Asiens (China, Indien und Indonesien) seit 1990 fortlaufend gestiegen ist. Je höher sein Wert ausfällt, desto größer ist die statistisch gemessene Ungleichheit. In Indien lag er 2007 bei 36,8 – höher als in den Nachbarländern Nepal oder Bangladesch. Erschreckend ist auch, dass der Wert im Jahr 2000 noch bei 32,5 lag, seitdem also deutlich zugelegt hat – trotz oder wegen des Wirtschaftswachstums. Blicken wir auf den Konsum: Das reichste Fünftel der indischen Gesellschaft kauft so viel, dass es für fast 42 Prozent des gesamten Konsums steht. Das ärmste Fünftel der Gesellschaft kommt nur auf 9 Prozent. Und die Armen bleiben immer weiter zurück.

Richtig ist, dass diese Entwicklung sich nicht nur auf Indien beschränkt. Mit wachsendem Wohlstand driften Wohlhabende und Habenichtse weltweit immer weiter auseinander. Richtig ist aber auch, dass diese Entwicklung für Indien besonders gefährlich ist. Denn Reich und Arm prallen hier direkt aufeinander. Gerade in den Metropolen kann man sich nicht aus dem Weg gehen.

Die sichtbare Armut ist in den Städten allgegenwärtig – trotz des Wirtschaftsbooms. Die rasante Urbanisierung führt zur Ausweitung der Slumzonen: Zu verlockend ist es für die verarmte Landbevölkerung, ihr Glück in der Stadt zu suchen. Fernsehen, Internet, Handys – die Wohlstandsverheißungen sind hier viel greifbarer als im Dorf. Geld und Bildung verspricht nur die Abwanderung in die Stadt. Die Neuankömmlinge und Landflüchtigen schlafen zunächst entlang der Bahnstrecken oder auf dem Bürgersteig. Wer sich als Tagelöhner verdingen kann, versucht später, ein Zimmer, dann eine ganze Hütte in einem der Slums zu mieten. Weil Indien eine breit angelegte Industrialisierung überspringen wollte, gibt es im Verhältnis zur Masse der Menschen viel zu wenig organisierte Arbeit. Das Industriezeitalter mit der Hoffnung auf Arbeitsplätze in der »New Economy«, in den Softwareschmieden von Bangalore oder Hyderabad, hilft jenen nicht, die niemals die Chance auf Bildung hatten.

Dafür ist eine Subökonomie entstanden, die von unfairen und unmenschlichen Arbeitsbedingungen lebt. So wird auch in Dharavi viel Geld gemacht. Für die Arbeiter hier heißt die Währung: Ausbeutung und Zerstörung des eigenen Körpers für ein bisschen Hoffnung. Und so darf sich der Aluminiumschmelzer Javed denn auch glücklich schätzen, überhaupt in seinem Bretterverschlag arbeiten zu dürfen.

Im Slum prallen Welten aufeinander. Und Wahrheiten schmelzen – wie das Aluminium in den improvisierten Öfen. Es gibt drei Fernsehkanäle. Aber kein Abwassersystem. Wer den Gestank der illegalen Gerbereien hasst, übersieht, dass Dharavi als zweitgrößter Lederexporteur der Welt gilt. Und wer nur Analphabeten ausmacht, merkt nicht, dass Dharavi zugleich der größte Wahlbezirk Bombays ist. Dharavi ist Himmel und Hölle der Armen, in der zugleich das Versprechen auf Glück liegt, der größte Recyclinghof der Welt und ihr tiefster Untergrund. Wer hier landet, der lernt zu kämpfen. Der betrachtet seinen Körper nur noch als Werkzeug, um sich ein Leben zu verdienen. Auch wenn das nur kurz ist. Und der wünscht sich, dass seine Kinder einen Weg aus diesen engen, stickigen Gassen hinaus, ans Licht, finden. Gut zehntausend Kleinfabriken soll es in Dharavi geben. In Garagen, unter Planen, in Hinterzimmern. Rund um die Uhr wird hier genäht und getöpfert, gewaschen, gehämmert, gesammelt, sortiert, zerkleinert, gebeizt, gegerbt und gestrichen. Die Wirtschaftsleistung Dharavis wird auf mehr als 700 Millionen Dollar im Jahr geschätzt.

Auch Hitab Khan, dem die Aluminiumschmelze gehört, sagt, dass Javeds Arbeit nicht gesund sei. »Aber einer muss sie ja machen.« Der 22-jährige Khan trägt enge Jeans, ein Hemd, das einen Knopf zu weit offen steht, und drei Ringe an den Fingern. Er wiegt den Kopf. »Außerdem ist es bei uns besser als da drüben.«

Da hat der junge Unternehmer recht. Denn im Nachbarverschlag brennen sie Farbkanister aus. Davor stapeln sich die Blechtonnen von BASF oder Huber turmhoch. Erst füllen die Männer Terpentin in die Kanister, schütteln sie minutenlang, um die Farbreste zu lösen. Dann zünden sie sie an. Der Gestank raubt einem den Atem. Schließlich beulen sie die Kanister aus. Und verpassen ihnen dann einen neutralen Anstrich mit brauner Farbe. So werden sie an Farbenfabriken weiterverkauft.

Wie immer trifft es Frauen und Kinder am härtesten. Ist die Feldarbeit in den Dörfern getan, ziehen die Frauen ihren Männern in die Stadt hinterher, schlafen wie alle anderen auf der Straße, kämpfen um einen Unterstand am Straßenrand. Ihre Kinder nehmen sie mit. Oder sie schicken sie voraus, allein. So wie Manish.

Manchmal muss Manish weinen. Einfach so. »Jeden Abend telefoniere ich mit meinen Eltern. Wenn ich krank bin, bin ich besonders traurig«, sagt der 12-jährige Junge. Die Eltern leben Hunderte von Kilometern entfernt, in Indiens Armenhaus im Bundesstaat Bihar. Manish hat in Dharavi einen guten Job gefunden. Er beaufsichtigt eine kleine Fabrik, die Plastikabfälle säubert, zerkleinert und dann weiterverkauft. Abends fegt er den Boden. 4000 Rupien (50 Euro) bekommt er dafür im Monat. Und weil er bei seinem Vetter schläft, schickt Manish jeden Monat 3000 Rupien (35 Euro) nach Hause zu seiner Familie.

Manish hat wenigstens eine Bleibe. Viele seiner Altersgenossen haben nicht mal das. »Wir haben keine Ahnung, wie viele Straßenkinder es in Delhi gibt. Die Schätzungen rangieren zwischen 50 000 und einer halben Million«, sagt Shashidhar Sabnavis, einer der Manager der Kinderhilfsorganisation »Butterflies« in der Hauptstadt. Sein Büro in Süd-Delhi ist stickig, die Akten türmen sich. »Die Familien haben keine Chance, in ihren Heimatdörfern vom Wirtschaftswachstum Indiens zu profitieren. Also sind sie gezwungen, in die Städte zu ziehen.« Jedes Jahr strömen Hunderttausende in die

Metropolen. »Wir kennen Statistiken, nach denen 2000 Kleinbauern täglich in Indien aufgeben müssen. Sie machen sich auf den Weg – was bleibt ihnen anderes?«

Auch in den Städten ist das Leben brutal – niemand will die Neuankömmlinge. Die Väter werden Tagelöhner. Die Mütter schuften auf dem Bau. Und oft suchen sich auch die Kinder noch Arbeit. »Müllsucher werden sie am liebsten. Das ist nicht so hart wie etwa das Transportgeschäft«, sagt Sabnavis. »Aber viele sortieren auch Gemüse oder verkaufen Blumen vor den Tempeln.« Läuft es gut, machen sie vielleicht 500 Rupien (6 Euro) im Monat. Kinder sind hier oft Freiwild: Offiziellen Angaben zufolge sind zwischen 2010 und 2012 allein in Bombay 3724 Kinder verschwunden, im Bundesland Maharashtra waren es mehr als 26 000. Die wahre Zahl kennt niemand. Kinder laufen weg, werden von Schleppern mit falschen Versprechen angelockt oder verschleppt.

Die es am schlimmsten trifft, landen in Kamathipura, dem Rotlichtviertel Bombays. In Verschlägen, Kammern und Bretterbuden werden hier geschätzte 20 000 Mädchen und Frauen eingesperrt. Kamathipura ist ein Slum, der sich hinter den viktorianischen Fassaden heruntergekommener Häuser verbirgt. Hier geht es nur um eins: schnellen Sex gegen Geld. Die Mädchen, manche nicht älter als elf Jahre, werden verkauft oder entführt, weggesperrt, geschlagen, vergewaltigt. Armut und Ausbeutung von Frauen gehen in Kamathipura eine grausame Verbindung ein. Der Preis, den die Kinderhändler für ein Mädchen verlangen, hängt von dessen Alter, Aussehen und Größe ab. Jungfrauen zwischen 11 und 14 Jahren können ihnen zwischen 80000 und 400000 Rupien (941 bis 4706 Euro) bringen.

Nach einer Statistik des indischen Magazins *Outlook* werden 38 Prozent der arbeitenden Kinder Indiens als Sexsklaven ausgebeutet, 23 müssen sich als Haushaltshilfe verdingen, 3 Prozent landen in Sweatshops etwa der Textilindustrie oder in Ziegelbrennereien. Zwangsprostituierte und Kinderarbeiter erhalten oft gar kein Geld, Toilettenputzer, Aluminiumschmelzer und Tagelöhner bekommen umgerechnet einen, vielleicht zwei Euro am Tag. Buchstäblich zu viel zum Sterben, zum Leben zu wenig.

Neben dem täglichen bitteren Elend wiegt langfristig wohl am schwersten, dass Slumkinder in Indien grundsätzlich kaum Schulbildung erhalten. Denn selbst dort, wo die Hüttenstädte eingemeindet und als Siedlungen offiziell anerkannt sind, wo öffentliche Schulen die Slumkinder empfangen, erhalten sie kaum Unterricht.

»Ich ging bis in die vierte Schulklasse, deshalb beherrsche ich die Maßeinheiten und kann nähen«, erklärt die langjährige Slumbewohnerin Prabha Devi, Mutter von drei Kindern, in Delhi. Ihren Lebensunterhalt verdient sie sich mit Näharbeiten. Sie ist sich also des Wertes ihrer Schulbildung sehr bewusst. Doch gerade deshalb verzweifelt sie. »Es ist schwer. Wir kommen nicht voran. Ich bin traurig, dass ich ein drittes Kind habe«, stöhnt sie, während sie weiternäht.

Ihre Trauer aber gilt vor allem ihrem ältesten Sohn, Sachin. Der 18-Jährige ist durchaus gehorsam, kann kräftig zupacken, aber er hat in der öffentlichen Schule, die er seit zwölf Jahren besucht, nichts gelernt. Nicht richtig lesen, nicht richtig schreiben, rechnen schon gar nicht. Devi sagt, sie sei zu ungebildet, um ihm in der Schule helfen zu können. Fragt man Sachin, was er über Mahatma Gandhi weiß, gibt er keine Antwort. Er kennt Gandhi nicht und schämt sich dafür. Tatsächlich bekam er nie regelmäßigen Unterricht. Auch an diesem Tag hat er nur eine Stunde – mit sechzig Gleichaltrigen. Grund ist das Versagen der öffentlichen Schulen in Indien, die immer noch massenweise Analphabeten produzieren. Statistisch betrachtet ist Sachin freilich kein Analphabet, denn er kann immerhin seinen Namen schreiben. Aber viel mehr kann er eben nicht. »Er wird das Bauhandwerk seines Vaters lernen müssen. Etwas anderes bleibt ihm nicht«, sagt Devi. Für die Familie bedeutet das viel, denn einzig Sachin hätte sie aus dem Slum herausholen können. Mit einer besseren Ausbildung und einem besser bezahlten Job. Nun ist der Slum ihr lebenslängliches Gefängnis.

Die Professorin Jayati Ghosh, die nur wenige Straßen von Devis Slum entfernt an der berühmten Jawaharlal-Nehru-Universität Ökonomie unterrichtet, sieht für die Slumbewohnerin auch keinen Ausweg: »Einer Frau wie Devi fehlt jeder Zugang zu anständiger Arbeit, deshalb muss sie sich lange Stunden am Tag für einen Niedriglohn schinden. Ihr fehlen die einfachsten hygienischen Einrichtungen, um die Gesundheit ihrer Familie zu schützen. Ihre Kinder bekommen eine schlechte

Schulerziehung, die kaum Hoffnung auf bessere Arbeit macht. Das alles inmitten steigender Erwartungen, welche der nächsten Generation die Geduld nehmen und sie oft auf unerwünschte Wege bringen«, sagt Ghosh.

Ghosh erforscht die Probleme derjenigen, die in der gesellschaftlichen Hierarchie ganz unten stehen. Von denen, die oben stehen, sehen aber die meisten die da unten nicht. Multimilliardär Mukesh Ambani, zeitweise der viertreichste Mensch der Welt, hat sich für geschätzte eine Milliarde Dollar einen riesigen Wohnturm im Zentrum Bombays bauen lassen – angeblich das teuerste Haus der Welt. Weil das Karma des 27 Stockwerke hohen Wolkenkratzers schlecht sein soll, wohnt er dort kaum. Abendempfänge allerdings gibt er, hoch oben freilich, auf der Terrasse über dem Arabischen Meer. Schaute Ambani weit nach rechts, würde er auf die Kerosinlampen von Dharavi herabsehen. Vor Jahrzehnten hat sein Vater hier noch seine Waren verkauft. Geben in Dharavi die engen Gassen den Blick in den Himmel frei, sehen die Menschen Ambanis Turm wie einen Zeigefinger in den Himmel ragen – eine Obszönität, im Wortsinn himmelschreiend. Die da unten haben eine genaue Vorstellung von dem, was die da oben tun: Sie spenden für Hilfsprojekte, um das Versagen des Staates zu mildern. Und um ihr Gewissen zu beruhigen. Vor allem aber beuten sie aus, bereichern sich, schaffen auf die Seite.

Und das ist auf dem Land nicht anders.

KAPITEL 8

Für immer arm? Die Bauern holen nicht auf

Devansh Sharma lässt eine Silbermünze durch seine Finger gleiten. Sie zeigt Edward V., 1911. »Mein Glücksbringer, mein Urgroßvater gab mir die Münze. Sie wird mich reich machen«, sagt der 28-jährige Großbauer im zentralindischen Bundesstaat Madhya Pradesh. Ein gutes Stück Weges zum Reichtum hat Sharma schon zurückgelegt. Geholfen hat ihm dabei ausgerechnet der deutsche Chemiekonzern BASF. Denn der lehrt indische Bauern, wie sie ihre Erträge durch den Einsatz von Agrochemie sprunghaft steigern können. Der Ernteertrag der geförderten Böden legte dank der Chemie schon im ersten Jahr um rund 40 Prozent zu.

Devansh steht am Rande seines Feldes, die Ray-Ban-Sonnenbrille auf der Nase. Stolz zählt er auf, dass er schon vier Geländewagen besitzt, eine Erntemaschine und einen Traktor von John Deere. Das nun sprudelnde Geld nutzt er, um den Kleinbauern weiteres Land abzukaufen. »In diesem Jahr waren es 43 Acre«, umgerechnet etwa 17,5 Hektar. »Das sind 15 Prozent unseres gesamten Besitzes«, sagt er. Und fügt hinzu, dass er nun auch ins Immobiliengeschäft vordringe.

Devansh hat viel Glück. Die Masse der indischen Bauern besitzt nur einen Bruchteil dessen, was er anhäuft. Denn der indische Agrarsektor ist geprägt von Kleinbauern und Lohnarbeitern. Bis heute leben gut 60 Prozent der Inder von der Landwirtschaft. Sie finden sich in jenen 93 Prozent der indischen Bevölkerung wieder, die laut einem Regierungsbericht entweder auf dem Land oder im informellen Sektor arbeiten – alle haben sie unsichere Arbeitsplätze, ohne Sozialversorgung und meist ohne ein ausreichendes Einkommen.

Der Agrarsektor trägt immer noch 17 Prozent zum Bruttoinlandsprodukt Indiens bei. Während aber die Industrie zuletzt zwischen 7 und 9 Prozent und der Dienstleistungssektor sogar Jahr für Jahr zweistellig wuchsen, legte der Landbau nur rund 2,5 Prozent jährlich zu. Noch in den Jahren zwischen 1981 und 1991 war er im Durchschnitt um 3,3 Prozent jährlich gewachsen. Von da an fielen die Wachstumsraten.

2,5 Prozent Wachstum aber sind zu wenig, um Indien mit der zunehmenden Zahl seiner Menschen und den Ansprüchen seiner wachsenden Mittelschicht zu ernähren. Zu wenig, um ausreichend Arbeitsplätze zu schaffen. Dabei konnte sich Indien bis in die 1980er Jahre hinein noch selbst mit Getreide versorgen. Bis heute ist der Subkontinent der weltgrößte Milchproduzent und nach China der zweitgrößte Reisproduzent der Erde. Eigentlich müsste kein Hunger herrschen. Umso grausamer und unnötiger ist die weitverbreitete Unterernährung.

»Ungefähr 60 Prozent der Bevölkerung, über 620 Millionen Menschen, nehmen nicht genug Nahrung zu sich. Das zeigt die Pro-Kopf-Kalorienzufuhr«, erklärt die Ökonomin Jayati Ghosh. »Trotz des deutlichen wirtschaftlichen Fortschritts im letzten Jahrzehnt ist Indien die Heimat von rund 25 Prozent der hungernden Armen der Welt«, umreißt das Welternährungsprogramm der Vereinten Nationen die Lage im Land. »Obwohl das Land genug Nahrung für seine Menschen anbaut, bleiben Regionen mit Hunger. Nach Angaben der Regierung sind rund 43 Prozent der Kinder unter fünf Jahren unterernährt, mehr als die Hälfte der Schwangeren (…) leidet unter Blutarmut.« Selbst die Regierung, die wesentlich niedrigere Grenzwerte als die internationalen Organisationen ansetzt, schätzt, dass ein Drittel der Inder unter die Armutsgrenze fallen. Besonders peinlich ist den Beamten und Politikern, dass ausgerechnet das als Armenhaus der Erde bekannte Bangladesch den riesigen Nachbarn in vielen Sozialparametern hinter sich gelassen hat. Nicht, dass in Bangladesch die Lage gut wäre – in Indien ist sie nur in vielerlei Hinsicht noch schlechter. Und die Textilindustrie hat, bei all ihren Verbrechen in Bangladesch, doch Geld ins Land gespült. Das hilft etwa jungen Frauen, eine Ausbildung zu machen. Indien fehlt dieser Industrialisierungsschub auf niedrigem Niveau, der insbesondere den untersten Schichten zugutekommt.

Die Landwirtschaft Indiens ist trotz der wachsenden Automatisierung in einem katastrophalen Zustand. Amerikas Farmer erwirtschaften beispielsweise auf jedem Hektar Ackerfläche 2,9 Tonnen Sojabohnen. Der Weltdurchschnitt liegt bei 2,4 Tonnen. Indien aber kommt auf gerade einmal 1,1 Tonnen Soja pro Hektar.

Die Landwirtschaft von Grund auf durch eine neue »grüne Revolution« zu fördern, erscheint der Elite des Landes wenig interessant. Das große Geld lässt sich in der Industrie, vielleicht auch im Dienstleistungssektor verdienen. Der Landbevölkerung fehlt die Geschlossenheit, eine Stimme, um die Politiker vor sich herzutreiben. Es ist einfacher, das Wohlwollen der Menschen mit einem riesigen Subventionsprogramm rechtzeitig vor den Wahlen zu erkaufen, als den landwirtschaftlichen Sektor von Grund auf umzugestalten. Dafür bedürfte es einer besseren Infrastruktur, einer verlässlichen Wasserversorgung, einer Finanzierung durch Kleinkredite und einer grundlegenden Schulung der Bauern.

Kleinbauer Kushwai kennt die Pläne und Berechnungen der Regierung nicht. Er hat ganz andere Sorgen. Er braucht Geld. »Mein Nachbar leiht es mir jetzt wohl«, sagt Kushwai. Am Rande seines handtuchgroßen Ackers stützt er sich auf seine Hacke. Zugtiere für einen Pflug kann er sich nicht leisten. Den Kredit braucht Kushwai, um Saatgut zu kaufen. Als Zins berechnet der Nachbar ihm 3 Prozent – im Monat. Bei 36 Prozent Zinslast aber liegt nahe, dass in Indien manch überschuldeter Kleinbauer verzweifelt und sein Insektizid trinkt, um sich das Leben zu nehmen, wenn die Ernte nach einem schwachen Monsun ausbleibt – niemals würde er Kredit und Zinsen zurückzahlen können.

Hilfsorganisationen zählen Jahr für Jahr bis zu 20 000 Selbstmorde auf dem Land. Der Grund ist fast immer der gleiche: Überschuldung. Auch wenn diese Zahl schwer zu überprüfen ist und manchem überhöht erscheint, so drücken die Selbstmorde doch aus, dass Kushwai und Bauern wie er enorme Risiken auf sich nehmen müssen, um im nächsten Jahr eine Ernte einfahren zu können. Dann aber reicht schon eine schwache Regenzeit, um all ihre Hoffnungen zunichtezumachen. Kushwai müsste die einzige Goldkette seiner Frau beleihen, wollte er auch noch Pflanzenschutzmittel kaufen, sagt er. Bis zur Ernte bliebe ihm dann nichts mehr, als zu Ganesha zu beten, damit seine Rechnung aufgeht. Er geht eine Wette auf einen guten Monsun ein, und sein Einsatz ist sein Leben.

Die Lebensmittelkrise ist im Bauernland Indien allerdings nicht nur für die Armen eine Bedrohung: Internationale Lebensmittelkonzerne wie die Düsseldorfer Metro kämpfen seit Jahren um ihren Markteintritt mit dem Vorwurf, in Indien würde ein Drittel der Lebensmittel zwischen Bauernhof und Supermarkt verderben – weil es keine Kühlkette gebe, weil die Transportwege auch aufgrund von Korruption zu lang seien, weil es an sachgerechter Lagerung fehle. Längst geht der Streit auch um die Hoheit auf den Äckern und Feldern: Agrochemiekonzerne wie Monsanto oder BASF werben damit, dass sie die Ernten in kurzer Zeit enorm steigern können. Dafür müssen moderne Saaten und Pflanzenschutzmittel eingesetzt werden. Die aber sind teuer. Auf lange Sicht kann die moderne Landwirtschaft zwar die Produktivität in Indien steigern, was dringend notwendig ist. Doch profitieren werden auch hier wieder diejenigen, die schon heute Geld haben.

Auch zeigt sich bei der Betrachtung der Landwirtschaft in Indien beispielhaft, welche dramatischen Folgen die wachsenden Umweltprobleme dem Land bescheren. Den durch ungezügelten Verbrauch an Wasser sinkenden Grundwasserspiegel spüren die Bauern als Erstes.

KAPITEL 9

Bhopal und kein Ende

Azad Singh ist nach dem Aufstehen gleich aufs Feld gegangen, um sein Geschäft zu verrichten – eine Toilette
hat die Familie nicht. Dann hat er sich im Hof mit küh-
lem Wasser aus dem Steinkrug Gesicht und Oberkörper
gewaschen, hat lange weiße Kleider angelegt, die ihn
vor der Sonne schützen, und kurz gefrühstückt: Linsen
mit Fladenbrot. Jetzt sitzt Singh mit einem Glas süßem
Milchtee auf einem Plastikstuhl im Schatten vor der
Hoftür.

Singh – Jahrgang 1955, Oberhaupt einer elfköpfigen
Familie – ist ein gewöhnlicher indischer Bauer. Aber einer, der es zu etwas gebracht hat. Er besitzt 1,4 Hektar
Land, zwei Wasserbüffel und ein Honda-Motorrad. Er
hat immer die Kongresspartei gewählt. Er ist kein Quer-
treiber. Aber irgendwo fühlt er eine tiefe Veränderung
in seinem Leben. »Etwas stimmt nicht«, sagt Singh in
seinem Plastikstuhl. Was, kann er nicht sagen. Doch er
wird es uns im Laufe dieses Tages zeigen.

Singh schiebt seinen Stuhl weg, steht auf und schwingt sich wie ein Jugendlicher aufs Motorrad. Er hat weiße Haare und ist doch kein bisschen eingerostet. Die kleine Landstraße, die er nimmt, ist asphaltiert. Das zeugt vom neuen öffentlichen Reichtum seines Bundesstaates Haryana in Nordindien. Den Reichtum verdankt der Bundesstaat den Investoren aus der nahen Hauptstadt Delhi. Zudem war die Gegend immer eine der Kornkammern Indiens. Doch als Singh vor seinen Feldern steht, ist sein Blick düster: Vor ihm liegt nichts als hellbraune, sandige Erde. Dabei wäre jetzt die Sommerernte fällig. Doch Singhs Saat ist vertrocknet, weil der Monsunregen ausblieb. Der Schaden ist groß. Die Investmentbank Morgan Stanley gibt an, dass Unregelmäßigkeiten des Monsuns die indische Wirtschaft in den vergangenen Jahren schon mehr als ein Prozent Wachstum gekostet haben. Die Probleme mit dem Monsun werden für Indien zur Zeitbombe.

Für Singh ist das Ausbleiben des Regens immer noch schwer begreiflich. »Als wir Kinder waren, wurde der Himmel in der Monsunzeit jeden Tag so schwarz, dass sich die Männer auf den Feldern fürchteten«, sagt er. Heute würden selbst in Jahren, in denen der Monsun für die Felder ausreicht, nur noch ein paar hohe Wolken über die Dörfer ziehen. »Für die Kinder von heute ist Monsun ein Wort ohne Bedeutung«, sagt Singh.

Singh sitzt der Klimawandel schon tief in den Knochen. Er sieht ihn nicht als globales Problem, so weit reicht sein Verständnis nicht. Aber er fühlt die beständig wachsende Bedrohung. Der Monsunregen war immer schon ein wankelmütiger Verbündeter der indischen Bauern. Singh kann von Dürreperioden mit schlimmen Hungersnöten berichten. Doch das sind die Geschichten seiner Eltern und Großeltern. In seiner eigenen Geschichte geht es nicht um existenzielle Nöte, sondern um eine zunehmende Verunsicherung. »Wir haben die Bäume abgeholzt, dafür Dieselmotoren und Fabriken aufgebaut. Das Gleichgewicht ist gestört«, sagt er.

Singh steigt auf eine kleine Anhöhe zu seinem Rohrbrunnen. Der Brunnen ist die größte Investition seines Lebens, sein Ausbau hat seit dem ersten Spatenstich im Jahr 1987 umgerechnet mehrere tausend Euro verschlungen. Der Brunnen hat einen Durchmesser von einem Meter und reicht 130 Meter tief. Singh lehnt sich über seinen Rand, als wolle er in der Tiefe mit bloßem Auge Wasser entdecken. Doch da ist nur ein schwarzes Loch. Früher war Singh glücklich über den Brunnen. Er sicherte eine ertragreiche Winterernte, von der sein Vater nur träumen konnte. Damit war endlich die Angst vor dem Hunger beseitigt. Doch nun plagen den Bauern neue Sorgen. »Vor zehn Jahren fanden wir noch in 60 Meter Tiefe Grundwasser, jetzt müssen wir schon 130 Meter tief gehen«, sagt Singh. Er verrät nicht, wie viel Schulden er für den Ausbau machen musste. Er sagt nur: »Die meisten Selbstmorde von Bauern in unserer Gegend geschehen, weil sie ihre Schulden für die Brunnen nicht zurückzahlen können.«

Singh geht in einen kleinen Schuppen neben seinen Brunnen und stellt die Bewässerungsanlage an. Bisher hatte sein Brunnen immer genug Wasser. Aber Singh weiß, dass sich das ändern kann. »Ich kann den Brunnen nicht unendlich tief graben«, sagt er. Singhs intuitive Sorgen bestätigt eine im Magazin *Nature* veröffentlichte Studie der amerikanischen Raumfahrtagentur NASA, die einen drastischen Rückgang der nordindischen Grundwasserreserven zwischen 2002 und 2008 feststellt. 109 Kubikkilometer Grundwasser seien in dieser Zeit verloren gegangen – doppelt so viel Wasser, wie in Indiens größtem Stausee Platz hätte. Grund dafür sei der hohe Verbrauch der Bauern für ihre Felder, der wachsende Verbrauch der Industrie und der Mittelschicht, aber auch der unregelmäßige Monsunregen, der, wenn er sich nur noch über Tage statt Monate erstrecke, in den Flüssen abfließe, statt in den Boden einzusickern.

Die Lage ist angespannt. Indien zählt 18 Prozent der Weltbevölkerung, verfügt aber nur über 4 Prozent der Wasserressourcen. 80 Prozent des Wassers, auf das Indien zugreifen kann, wird von der Landwirtschaft verbraucht, weniger als 10 Prozent gehen in die Industrie. Wird sich das Land aber – wie von allen Regierungen angestrebt und notwendig, um Arbeitsplätze zu schaffen – weiter industrialisieren, wird Bauern wie Singh das Wasser buchstäblich abgegraben werden. Schon jetzt schätzen die Analysten der Bank HSBC, der Wasserverbrauch Indiens werde bis 2025 um fast 60 Prozent steigen. Woher aber soll dieses Wasser kommen?

Deshalb ist vorauszusehen: Es wird in Südasien Verteilungskämpfe um Wasser geben. Die Quellen der großen Flüsse entspringen in Tibet und unterliegen damit der Kontrolle Chinas. Der nächste Krieg in Südasien werde um Wasser geführt, glauben viele Intellektuelle, die wir in Delhi trafen. Indien könnte Opfer und Auslöser sein: Seine Wasserquellen verlaufen über Staatsgrenzen hinweg. Der Klimawandel scheint zu stärkeren Überschwemmungen und Dürren zu führen. Funktionierende Infrastruktur und sparsame Nutzung sind in weiten Teilen des Landes Fremdwörter.

So sind die Szenarien düster: Der Bedarf der Inder an sauberem Wasser werde das Angebot im Jahr 2030 schon um 50 Prozent übertreffen, warnen die Berater von McKinsey. Das vorhandene Wasser sei dann ganz überwiegend verschmutzt und für den menschlichen Verzehr unbrauchbar. Die Inder können nur gegensteuern, indem sie den Wasserverbrauch senken, die Nutzung optimieren. Das Gegenteil geschieht. Während in den Städten wie Bombay die Slumbewohner ihr Wasser nur aus den großen Versorgungsrohren abzweigen können, baut die gut verdienende Mittelschicht in Sichtweite Appartementtürme, deren Swimmingpools wahre Wasserlandschaften sind.

Die indischen Politiker unterschätzen die wachsenden Gefahren der Wasserknappheit gewaltig. Indiens Kapazität, Wasser zu speichern, zählt zu den niedrigsten der Welt – in dieser Rangliste steht Indien knapp oberhalb von Äthiopien. Die geplanten Ausgaben für die Wasserversorgung machen nur rund 2 Prozent des von Ministerpräsident Singh definierten Bedarfs für den Ausbau der indischen Infrastruktur zwischen 2012 und 2017 aus. Der umfasst schon die unglaubliche Summe von einer Billion Dollar. Dabei ist vollkommen offen, wie Indien die nach eigenem Dafürhalten benötigte Summe zusammenbringen will. Doch vielleicht ist das gar nicht das Hauptproblem: »Es liegt nicht am mangelnden Geld, an fehlendem Fachwissen oder zu wenig Wasser, dass die Inder so schlecht versorgt sind«, zürnt Asit Biswas, Präsident des Third World Center for Water Management in Mexiko. »Es liegt schlicht an schlechten Planungen und fehlendem Wassermanagement. Indien mag eine heranwachsende Wirtschaftsmacht sein, aber sein Wasser- und Abwassermanagement gleicht demjenigen einer Bananenrepublik.«

Als Rettung in letzter Not planen die Inder nun den Bau von rund 80 Staudämmen. So soll Wasser gespeichert werden, das in der Trockenzeit den Bauern zur Verfügung stünde, zugleich könnten Kraftwerke Strom erzeugen. Das Ziel lautet, weitere 35 Millionen Hektar Land bewässern zu können. Damit soll die insgesamt zu bewässernde Fläche des Subkontinents auf 160 Millionen Hektar hochgetrieben werden. Dahinter steht die Furcht, eine auf geschätzte 1,8 Milliarden Menschen im Jahr 2050 steigende Bevölkerungszahl nicht mehr mit Nahrung versorgen zu können.

Doch der Widerstand gegen den unausgegorenen Plan wächst: »Er birgt massive ökologische Konsequenzen, gar nicht zu reden vom Leiden der Menschen, die deshalb umgesiedelt werden müssen«, warnt eine Gruppe indischer Anwälte und Umweltschützer. »Dieser Plan wird zu Streitigkeiten unter den indischen Bundesstaaten führen und zu zwischenstaatlichen Auseinandersetzungen«, schreiben sie in einem offenen Brief.

Auf der Insel Kumirmari im Delta des heiligen Ganges-Flusses, wo die bengalischen Königstiger leben, steht der 64-jährige Dorfvorsteher Radhahrishna Mandal vor einer vom Tropenzyklon Aila zerstörten Landschaft: überschwemmte Felder, zerbrochene Dämme, verwehte Strohdächer. Mandal sagt: »Seit Aila wissen wir, dass der Klimawandel für uns gefährlicher ist als der Tiger.«

Nirgendwo in Indien ist der Klimawandel so unabweisbar präsent wie auf Kumirmari. Die Insel mit ihren 25 000 Bewohnern gehört zur Inselgruppe der Sundarbans, auf denen 4,5 Millionen Menschen leben – und 200 Königstiger. Das ist die größte und berühmteste Tigerpopulation Indiens; ihretwegen kennt jeder Inder die Inseln. Doch Dorfvorsteher Mandal sagt: »Früher waren wir wegen der Tiger bekannt, heute wegen Aila.«

Aila war im Mai 2009 Sturm und Flutwelle zugleich. Ein Jahrhundertereignis, hätte man früher gesagt. Das hatte es zuvor in Indien nie gegeben. Aila kam in einem Monat, in dem es bisher nicht stürmte. Aila kam nach Jahren, in denen viele Inder keine Winter mehr erlebt hatten, in denen sich das Klima fast für jeden spürbar verändert hatte.

Das Bild der Verwüstungen durch den Zyklon prägte sich den Indern deshalb als Vorbote der Klimakatastrophe ein. Es war ein Bild der Zerstörung menschlichen Lebensraums. Die 150 Jahre zuvor unter der englischen Kolonialherrschaft aus Lehm errichteten Dämme waren nach dem Sturm im salzigen Deltawasser verschwunden. Nur noch hier und da ragten ihre Reste aus dem Wasser empor. Dahinter hatten die Dorfbewohner versucht, neue Dämme zu bauen, wieder nur mit Hacke, Schaufel und Lehm. Hinter diesen behelfsmäßigen Befestigungen aber begann der Überschwemmungssumpf, der Häuser und Felder für immer verschluckte.

Die Dorfbewohner erzählen noch heute von den vielen Leichen, die sie nach dem Sturm aus dem Wasser fischen mussten. Von den Begriffen Klimawandel und Erderwärmung aber haben sie nie in ihrem Leben gehört. Schweigend schüttelt ein Dutzend mit Tüchern statt mit Hemd und Hose bekleideter Bauern den Kopf, die mit nacktem Oberkörper auf den Feldern arbeiten, als wir sie mehrmals nach den Gründen für Aila befragen. »Wir wissen nur, dass Aila Tausende Menschen tötet, und der Tiger immer nur einen«, sagt Bikesh Roy, ein 40-jähriger Bauer. Wie er sprechen die Leute hier ständig von den Tigern. Einer hat an diesem Tag wieder einen Menschen auf der Nachbarinsel gerissen. Tief hat sich die Angst vor den Tieren bei den Dorfbewohnern eingeprägt. Doch jetzt haben sie einen mächtigeren Feind: den Klimawandel.

Mandal, der Dorfvorsteher im langen weißen Gewand, kennt ihn am besten. Er weiß, dass das Meer ansteigt, dass sogar das zweihundert Kilometer landeinwärts liegende Kalkutta, die 14-Millionen-Metropole, in ein paar

Jahrzehnten von Überschwemmungen bedroht ist. Kumirmari stünde dann längst unter Wasser. Mandal weiß jedoch nicht, was er seinen Leuten raten soll. Viele verlassen die Insel, sie sind Indiens erste Klimaflüchtlinge. »Die ganze Welt trägt Verantwortung für unser Schicksal, die ganze Welt muss uns helfen«, sagt Mandal.

Das allerdings sieht man im Rest der Welt anders. Und wälzt die Verantwortung auf den Subkontinent ab: Schon heute ist das aufstrebende Indien der viertgrößte Verbraucher von Energie weltweit – nach Amerika, China und Russland, berechnet die amerikanische Energy Information Administration. Allerdings ist auch dies wieder eine Frage des Maßstabs: Während westliche Politiker bei Verhandlungen zum Klimaschutz grundsätzlich den Gesamtverbrauch Indiens anführen, argumentieren die Inder mit dem Pro-Kopf-Konsum – und der liegt angesichts der riesigen Bevölkerungszahl und der vielen Armen natürlich noch deutlich unterhalb desjenigen entwickelter Länder.

Unbestritten aber ist, dass die notwendige Industrialisierung des Schwellenlandes zu einer weiteren enormen Belastung der Erde führen wird. In Peking und Schanghai lässt sich an vielen Tagen im Jahr kaum noch atmen – und die indischen Industriestädte ziehen nach. Die Weltbank hat im Sommer 2013 berechnet, dass die selbstverursachte Umweltbelastung Indien Jahr für Jahr mehr als 80 Milliarden Dollar kostet – fast 6 Prozent seiner Wirtschaftsleistung werde so wieder vernichtet. Allein die überwiegende Nutzung fossiler Brennstoffe kostet rund 3 Prozent des Bruttoinlandsproduktes. Die Luftverschmutzung verursacht fast 60 Prozent des Gesamtschadens. Nach Berechnungen der Weltbank-Wissenschaftler sterben in Indien derzeit aufgrund von Erkrankungen, die durch Luftverschmutzung verursacht sind, fast 110 000 Erwachsene jährlich. 7500 Kinder unter fünf Jahren verlieren deshalb ihr Leben.

In der Hauptstadt Delhi empfehlen Ärzte Eltern, ihre Kinder nur gegen zwei Uhr nachmittags zum Spielen auf die Straße zu lassen. Dann sei die Belastung im Tagesverlauf am niedrigsten. Die Menschen hatten sich schon fast daran gewöhnt. Bis ein Vergleich sie aufschreckte: Nun wissen sie, dass die Luftqualität in Indiens Hauptstadt noch schlechter ist als diejenige in Peking. Eigentlich keine Überraschung: Indien steht nur auf Platz 155 der Liste, auf der das Weltwirtschaftsforum die Länder nach ihren Umweltdaten ordnet. 178 Länder ist sie lang. Und China (Rang 115), aber auch Indonesien (112), Nepal (139) und selbst Kriegsgegner Pakistan (148) liegen vor den Indern. Bei der Luftverschmutzung, die die Haushalte trifft, liegt Indien auf Rang 128. China auf 114.

Dabei ist es schon schwierig, die wirkliche Lage überhaupt zu ermitteln: »Wir betrachten die Daten zur Luftqualität in Indien als sehr eingeschränkt, widersprüchlich und schwierig zu erlangen«, sagt Angel Hsu, die Wissenschaftlerin, die den Umweltindex mit ihrem Team von der Universität Yale erstellt hat. Weil die Datenlage so miserabel war, griffen die Forscher unter anderem auf Satellitenbilder zurück. Ihr Urteil fällt vernichtend aus – auch wenn sie betonen, keine Vergleichsstudie vorzulegen: »Indien hat eine Luftqualität, die schlechter oder genauso schlimm ist wie diejenige Chinas.«

Wasserknappheit und Luftverschmutzung fordern viele Opfer. Doch verbindet ein Name Indien bis heute mit einer der größten Umweltkatastrophen der menschlichen Geschichte: Bhopal. 780000 Menschen leiden heute noch an den Folgen des Giftgasunfalls vor über 25 Jahren. Doch weder die Privatindustrie, die den Unfall verursachte, noch die staatlichen Behörden übernehmen bisher angemessene Verantwortung für sie.

Erinnern wir uns: In der Nacht vom 2. auf den 3. Dezember 1984 legten sich 40 Tonnen tödliches Giftgas aus der Pestizidfabrik des US-Konzerns Union Carbide in Bhopal wie ein Leichentuch über die dicht besiedelten Elendsviertel in der Nähe der Fabrik. In der Fabrik waren die üblichen Sicherheitsmaßnahmen entweder außer Kraft gesetzt worden oder funktionierten einfach nicht. In den ersten drei Tagen starben nach indischen Angaben 3000 Menschen, bis heute ist die Opferzahl auf über 22000 gestiegen. Auch im Jahr 2014 sterben nach Angaben von NGOs in Bhopal noch zehn Menschen pro Monat an den Folgen der größten Industriekatastrophe der Geschichte. Bis heute haben Union Carbide und sein neuer Eigentümer Dow Chemical keine genauen Angaben über die Zusammensetzung der tödlichen Gase gemacht. Bis heute kann jeder ungehindert durch die Industrieruinen schlendern. Die durch die Gase verursachten Gesundheitsschäden wurden medizinisch nie sorgfältig von den indischen Behörden erforscht und behandelt. Auch deshalb gibt es bis heute kaum Medikamente und Therapien für die Opfer. Nur einmal, im Jahr 1989, zahlte Union Carbide 470 Millionen Dollar an die indische Regierung als Pauschalentschädigung. Etwa die Hälfte davon wurde an die Opfer verteilt, von denen rund 40 000 damals umgerechnet zwischen 400 und 1600 Euro erhielten. Das waren ein paar Tropfen auf den heißen Stein. Die Opfer sind in ihrer großen Mehrheit arme Slumbewohner der niedrigen Kasten, um die sich in Indien auch sonst nur wenige kümmern. Sie haben über die Jahre auch aus dem Ausland kaum Hilfe erhalten.

Dabei war der Giftgasunfall in Bhopal ein Weltereignis. Nach der Katastrophe begann für die internationale Chemieindustrie eine neue Zeitrechnung – erst nach Bhopal begannen die großen internationalen Unternehmen der Branche, Umweltfragen ernst zu nehmen. Der Unfall hatte also weitreichende Folgen – nur für Indien nicht.

Offenbar gilt für die indischen Umweltopfer, ob in Bhopal oder auf Kumirmari, was auch für Indiens Frauen- und Kinderopfer gilt: Man betrachtet sie als Kollateralschaden, den es in Kauf zu nehmen gilt.

Dass es auch anders geht, zeigt der Widerstand eines kleinen Stammes indischer Ureinwohner in Ostindien. Die Dongria Kondh wohnen dort mitten im Dschungel auf einem Berg voller wertvoller Mineralien. Im Vertrauen auf die Unterstützung der lokalen Behörden begann dort der indische Bergbaukonzern Vedanta vor zehn Jahren mit dem Abbau von Bauxit für die Herstellung von Aluminium. Vedanta ließ damals am Fuße des Berges der Dongria Kondh eine große Fabrik errichten – doch heute verrosten die modernen Produktionseinrichtungen nutzlos im grünen Wald. Denn in der Zwischenzeit war es den umtriebigen Ureinwohnern mit Hilfe internationaler NGOs wie Survival International und Amnesty International geglückt, eine schlagkräftige Gegenbewegung zu bilden und die drohende Umsiedlung zu verhindern. Als dann noch der größte Hollywooderfolg aller Zeiten, *Avatar,* seine Story aus den Erfahrungen der Dongria Kondh zog, hatte Vedanta die Weltmeinung gegen sich. Bianca Jagger, die Ex-Frau des Stones-Bosses, und Rahul Gandhi, der Erbe der Nehru-Gandhi-Dynastie, sie alle pilgerten zu den Dongria Kondh. Und natürlich auch wir Reporter. Das indische Umweltministerium zog schließlich mit und untersagte den weiteren Bauxitabbau.

Doch was sagt die Geschichte vom erfolgreichen Ureinwohner-Widerstand über Indiens Umweltpolitik und seine Opfer? Nicht viel. Die exotischen Wilden der Dongria Kondh waren für die westlichen Unterstützerorganisationen willkommene Sympathieträger. In ihrem Namen wurde in den blauen Farben der Na'vi aus dem Hollywoodfilm vor dem Firmensitz von Vedanta in London demonstriert. Tolle Fernsehbilder – aber keine Hilfe für Indien. Denn Indien braucht den Bergbau ebenso wie den Umweltschutz und deshalb Kompromisslösungen, die die Interessen ausgleichen. Industrieprojekte im Gesamtwert von mehr als 80 Milliarden Dollar können nicht begonnen werden, weil jahre- und jahrzehntelang über Fragen des Landbesitzes gestritten wird. Kompromisslösungen, die eigentlich auch von der Politik erzielt werden müssten, fehlen. Die Folge: Heute kämpft in einem seit Jahren andauernden Bürgerkrieg mit Tausenden von Toten eine Guerillaarmee von bis zu hunderttausend Kämpfern im ostindischen Dschungel gegen Sondertruppen der Polizei.

Die Guerillabewegung rekrutiert sich zumeist aus Ureinwohnern, denen für Bergbauzwecke die Wald- und Bodenrechte genommen wurden und die sich nun um das Banner einer gut organisierten maoistischen Partei scharen. Sie haben bereits ein zusammenhängendes Waldgebiet von der Größe Österreichs unter ihre Kontrolle gebracht. Doch kaum jemand beachtet sie. Ihr einsamer Kampf, den die Booker-Preis-Trägerin Arundhati Roy in einer hinreißenden Reportage beschrieben hat, ist ein Symbol für Isolation und Verzweiflung eines rechtlosen Bevölkerungsteils. Dabei geht es den etwa 100 Millionen Ureinwohnern in Indien wie den Kastenlosen und Frauen: Auf dem Papier haben sie alle erdenklichen Rechte. Die Ureinwohner haben Sonderrechte auf Waldbesitz, die Kastenlosen auf Universitätsplätze und die Frauen auf Quoten in den Lokalparlamenten. Doch die Sonderrechte dienen den regierenden Eliten nahezu ausschließlich als Alibi, sich nicht mit der systematischen Misshandlung der Betroffenen beschäftigen zu müssen.

Dabei ist der Öko-Bürgerkrieg im Osten des Landes möglicherweise nur ein Vorgeschmack auf die bevorstehenden Verteilungskämpfe um die natürlichen Ressourcen Indiens. Die Veränderung des Monsunregens, von dem ganz Indien abhängt, ist eines der auffälligsten Phänomene des Weltklimas. Nicht auszudenken, was passiert, wenn der Klimawandel den Monsun drastisch verringerte.

Noch aber hat der Bauer Azad Singh im Bundesstaat Haryana genug Brunnenwasser. An dem Nachmittag, an dem wir ihn auf sein Feld begleiten, lässt er das Wasser großzügig aus einem Dutzend Sprinklern sprühen, die er auf sein einziges Bewässerungsrohr aufgeschraubt hat. Singh läuft über einen mit Futterkorn für die Wasserbüffel bepflanzten Acker: das einzige Stück Land, das er in diesem Sommer nach dem ausgebliebenen Monsun noch bepflanzt hat. Er verlegt Rohr und Sprinkler immer wieder, damit auch das ganze Feld bewässert wird. Dann hat er eigentlich nichts mehr zu tun. Doch um nicht untätig zu sein, spannt er sein altes Kamel vor den Pflug. Er legt dem großen, inzwischen ökonomisch nutzlosen Tier vorsichtig das Geschirr an, klopft mit dem Hammer das Pflugeisen fest. Er zieht mit dem Tier auf und ab über seine brachliegenden Sandböden. In der glutheißen Sonne schwitzt er genauso wenig wie das Kamel. Er liebt diese Arbeit. Wie von selbst bewegt sich das Tier. Wie ein Quirl wühlt sich der Pflug durch den leichten Boden. »Solange ich Kamel und Wasserbüffel habe, bringe ich mich nicht um«, sagt Singh. Er lacht dabei. Später lädt er zum Abendessen. Die Frauen des Hauses haben Hirsebrot, Tomatenchutney und Curry zubereitet. Anschließend trinkt Singh wieder süßen Milchtee. Ein weiterer Tag, an dem etwas nicht stimmt, geht jetzt zu Ende. So aber geht die große Nation jeden Tag zu Bett. Was nicht stimmt, bleibt ungesagt.

KAPITEL 10

Indiens Traum wird zum Albtraum

Vihari Sheth war schon wohlhabend. Aber sie wollte mehr. Deshalb füllte die Schmuckhändlerin Büstenhalter und Slip mit Goldschmuck aus Singapur, wo sie einen Laden betreibt, und flog so ausgestattet in ihre Heimatstadt Bombay. Angeblich brachte sie die Preziosen in den Dessous ins Land, um sich für eine Hochzeitsfeier zu schmücken. Der Wert des Schmucks aber betrug rund 400 000 Dollar. Und Indien hatte kurz zuvor eine Steuer von 10 Prozent auf die Einfuhr von Gold verhängt, um Dollar zu sparen und den Abfluss von Kapital ins Ausland zu bremsen. Während Sheth sich an der Grenze entblößen musste, zählten die indischen Zöllner eins und eins zusammen. Große Anstrengungen kostete es sie nicht, die 27-Jährige hinter Gitter zu bringen. Dort gab sie zu, schon mindestens zehn Schmuggelflüge hinter sich gebracht zu haben.

Bachhraj Bamalwa hat all das vorhergesehen. Nicht das Schicksal der Society-Dame Sheth. Wohl aber sah der Direktor des Branchenverbandes der Gold- und Juwelenhändler in Indien voraus, dass seine Mitbürger nun noch mehr schmuggeln würden als zuvor. »Das ganze System einer Goldsteuer funktioniert nicht«, sagte Bamalwa. »Der Staat muss andere Wege finden, sich zu retten.«

Retten? Retten! So weit war es gekommen, im Sommer 2013. Das Kartenhaus Indien drohte zusammenzufallen. Es war, als hätte jemand den rosaroten Sari über Indien weggezogen. Darunter kam das alte Entwicklungsland zum Vorschein.

Böse Begriffe, die man so gerne verdrängt hatte, kreisten wieder über der indischen Wirtschaft: Stagflation, Zahlungsbilanzkrise und Junk (Ramsch) für Indiens Staatsanleihen. Da war er wieder, der Albtraum Indiens: 1991 hatte die Regierung den verbleibenden Goldschatz des Landes nach London ausfliegen müssen, um die Gläubiger zu besänftigen. Der damalige Finanzminister, der das Land dann durch Reformen rettete, war der heute greise Ministerpräsident Manmohan Singh. Die Parallelen lagen auf der Hand.

Erst drei Jahre ist es her, da sprachen die Politiker noch von zweistelligen Wachstumsraten. Ende 2013 wächst das Bruttoinlandsprodukt des Subkontinents aber nur noch um 4,5 Prozent. Zu wenig, um Hunderte Millionen Menschen in Arbeit zu bringen oder wenigstens angemessen zu ernähren. Gleichzeitig ist das Leistungsbilanzdefizit von gut 3 Prozent der Wirtschaftsleistung 2011 auf 4,7 Prozent 2012 angeschwollen. Auch die Inflation lässt sich nicht eindämmen: Gerade die Preise für Lebensmittel steigen weiter zweistellig. Dies belastet die mehr als 700 Millionen Armen besonders, denn gemessen an ihrem Einkommen geben sie am meisten für Grundnahrungsmittel wie Zwiebeln, Linsen oder Kartoffeln aus.

Statt in den guten Jahren großflächige Reformen anzugehen, presste die Elite das Land weiter aus und deckte den Mantel des Schweigens über Hunger und Elend. In den Boom-Jahren von 2003 bis 2008, als Singh 8 bis 9 Prozent Wachstum zur neuen Norm ausrief, hätte seine Regierung die Märkte öffnen, das Arbeitsrecht vereinfachen, den Landerwerb liberalisieren und die Infrastruktur ausbauen müssen. Nichts von alledem geschah. Gefangen in Ideenlosigkeit, Skandalen und beschäftigt mit der Sicherung der eigenen Pfründe, stellte die Singh-Regierung in ihrer zweiten Legislaturperiode faktisch die Arbeit ein.

Selten aber war eine solche Lähmung gefährlicher als in diesen Tagen. Denn die drittgrößte Volkswirtschaft Asiens sitzt in der Falle. Sie ist selbst gestellt. Anders als die ebenfalls kriselnden Länder Südostasiens leidet Indien nicht etwa unter der Schwäche des Exports in den Westen, sondern unter seinem eigenen Zustand. Die Hoffnung, die industrielle Revolution zu überspringen und von der Agrargesellschaft direkt in die Dienstleistungsgesellschaft zu gleiten, hat getrogen. Auch wenn Hunderttausende in den Entwicklungszentren Bangalores programmieren oder Telefondienst schieben, bleiben immer noch fast 70 Prozent der Menschen abhängig von der Landwirtschaft. Herstellende Industrie und Mittelstand leiden.

Die Industrieproduktion legte 2012 noch ein Prozent zu, im Juni 2013 sank sie im Jahresvergleich um 2,2 Prozent, selbst im Dezember lag sie weitere 0,6 Prozent unter dem Vorjahreswert. Seit Ende 2012 schrumpfen auch die Verkäufe von Autos und Lastwagen. Der Export ging 2012 um fast 3 Prozent zurück. Steuern, die auch rückwirkend erhoben werden sollten, verschreckten ausländische Unternehmen. Lakshmi Mittal, Chef des weltgrößten Stahlkochers Arcelor Mittal, erklärte: »Für meine Indien-Projekte kann ich keinen Zeitplan nennen, denn wir mussten schon so viele Verzögerungen hinnehmen.« Über Jahre blendete die Aussicht, aus dem Agrarland am Ganges gleich eine Technologiemacht mit Pharmaforschung und Softwareschmieden zu formen. Hubert Lienhard, Voith-Chef und 2012 Indien-Sprecher des Asien-Pazifik-Ausschusses der Deutschen Wirtschaft (APA), umriss die Lage: »Indien hat lange geglaubt, es könne die industrielle Phase überspringen und direkt eine Dienstleistungsnation werden. Das hat nicht funktioniert. Neben der Industrie und der Infrastruktur muss vor allem die Landwirtschaft gefördert werden, um die Armut zu verringern. Dies alles sind enorme Aufgaben. Doch muss eine Regierung eines Schwellenlandes sich ihnen stellen und sie abarbeiten.« In Wahrheit verdingen sich bis heute gut 90 Prozent der Inder in der informellen Wirtschaft. Sie verrichten unqualifizierte, schlecht bezahlte Arbeit – fern von den glänzenden Träumen der Hightechunternehmen.

Spekulanten fürchteten die Probleme und entzogen dem Land zwischen Mai und September 2013 gut 7,4 Milliarden Dollar. Das drückte den Kurs der Rupie. Mitte 2011 kostete der Dollar noch 45 Rupien, ein Jahr später 55, im Sommer 2013 durchbrach er die Schallmauer von 60, Anfang September steuerte er auf die 64 Rupien Gegenwert zu. Der Verfall der indischen Währung aber verteuert den Einkauf von Rohstoffen wie Öl oder Gold. Dabei kauft Indien mehr als 80 Prozent seines Rohöls im Ausland, hinzu kommen Erz und Kohle. Denn die indischen Bergwerke sind unrentabel oder liegen ganz brach – auch weil der Staat, wie im Bundesland Goa, Abbauverbote wegen juristischer Auseinandersetzungen erlässt. Die geringe Produktivität zerstört zugleich alle Hoffnungen auf den Export als Ausgleich für die wachsenden Ausgaben. So schwoll das Defizit der indischen Leistungsbilanz auf 4,8 Prozent des Bruttoinlandsproduktes an – das Doppelte des Zielwertes.

Gegen den massiven Verkauf der Rupie kämpfte Finanzminister Palaniappan Chidambaram im indischen Krisenjahr 2013 mit vielen kleinen Pfeilen, manche davon waren stumpf, manche flogen in die falsche Richtung: Die seit Anfang des Jahres 2013 dreimal verschärften Importbeschränkungen für Gold verärgerten jene Inder, die ihre Ersparnisse in Goldschmuck sichern. Andere, wie Vihari Sheth, versuchten durch Schmuggel, der sich nun so richtig lohnte, reich zu werden. Schließlich verkündete Indien sogar einen Einfuhrstopp für Flachbildschirme, die sich Flugreisende aus Singapur oder Bangkok mitbrachten. Die Industrie stöhnte über

Kapitalverkehrskontrollen, die Investitionen im Ausland erschweren. Mit ihrer Einführung wurden eben jene Erleichterungen rückgängig gemacht, die dieselbe Regierung vor sechs Jahren begonnen hatte. Die Bank Nomura warnte vor einer »Panik«, die der Strauß der Anordnungen auslösen könnte. »Es sieht so aus, als ob die Regierung im Dunkeln tappte und Maßnahmen verkündet, die weder mit der Industrie abgestimmt wurden noch mit Menschen, die ihr etwas zu den Konsequenzen hätten sagen können«, polterte DG Shah, Generalsekretär des Verbandes der Pharmaindustrie in Indien.

Den Indern blieb die Hoffnung auf einen Deus ex Machina. Er hieß Raghuram M. Rajan und übernahm Anfang September 2013 den Posten des Gouverneurs der Notenbank. Der frühere Chefvolkswirt des Internationalen Währungsfonds und weltweit geachtete Ökonom wurde von seinem bisherigen Arbeitgeber Chidambaram ins Amt gelobt – denn ihm arbeitete Rajan als Berater des Finanzministeriums zu. Die neue Stelle war (und ist) zweifelsohne eine Herausforderung, ein Traumjob aber ganz sicher nicht. Denn der Handlungsspielraum des Gouverneurs schien eng: Erhöht seine Zentralbank die Zinsen, um mehr Kapital anzulocken und die Inflation einzudämmen, belastet dies das Wachstum noch weiter. Damit kommen weniger Menschen in Lohn und Brot. Und die Regierung bangt um Wählerstimmen. Es ist ein Teufelskreis.

Rajan brauchte also ein starkes Rückgrat. Denn in Indiens Wirtschaftselite tobte längst ein Kampf um die

Stoßrichtung der Notenbank. Rajans Vorgänger Duvvuri Subbarao sah sie so: »Die Zentralbank zielt auf die Kontrolle der Inflation, eben weil sie sich um das Wachstum sorgt.« Der Finanzminister konterte: »Meine Regierung glaubt, dass das Mandat der Zentralbank zwar in der Tat die Preisstabilität ist, seit dessen Formulierung aber viel Wasser den Ganges hinabgeflossen ist. Heute muss die Preisstabilität als Teil eines größeren Mandates gesehen werden, und das umfasst Wachstum und das Schaffen von Arbeitsplätzen.« In der Tat fehlte es Indien genau daran. Denn die Politik hat versäumt, die Voraussetzungen für einen nachhaltigen Aufschwung zu legen. So verschärfen sich die ohnehin brennenden sozialen Probleme weiter.

Diese Krise ist hausgemacht. Ob der Zentralbankchef sie quasi im Alleingang wird beenden können, darf getrost bezweifelt werden. »All diese Schritte sind zu klein und kommen zu spät. Indien versucht nur, sich bis zu den Wahlen zu retten. So aber bekommen sie keine Investoren zurück ins Land«, sagt Jim Rogers. Der Amerikaner, der früher in China lebte und nun schon seit 2007 in Singapur residiert, gilt als einer der wichtigsten Investoren der Welt. In der Tat brachen die Investitionen von Ausländern in Indien zuletzt in dramatischer Geschwindigkeit weg: Betrugen sie im Fiskaljahr 2009 (30. April) noch 41,7 Milliarden Dollar, so lagen sie 2013 nur noch bei 26,9 Milliarden Dollar. Sogar die indischen Unternehmen selber fuhren ihre Investitionen im eigenen Land zurück. »1991 erklärte Indien, es würde seine

Staatskonzerne privatisieren. Über die folgenden zehn Jahre wurde genau ein Unternehmen privatisiert. Das ist lächerlich, die Inder sollten sich schämen«, schimpft Rogers.

Auch der Vorgänger von Zentralbankchef Rajan, der von der Regierung scharf kritisierte Subbarao, zog den Vergleich, der im Herbst 2013 alle umtrieb: »Wiederholt sich die Geschichte? Es ist, als hätten wir von einer Krise zur nächsten nichts gelernt.« Auch er spannte damit den Bogen zur Zahlungsbilanzkrise, unter der Indien 1991 stöhnte. Das indes erschien, nüchtern betrachtet, doch etwas übertrieben: Indien saß im Herbst 2013 noch auf einem Devisenschatz von 279 Milliarden Dollar – er reicht, um den Import von sieben Monaten zu finanzieren. Vor 22 Jahren hatte Indien nur noch Reserven für die Einfuhr von drei Wochen. Die kurzfristige Verschuldung lag 2013 bei 10 Prozent der jährlichen Wirtschaftsleistung – eine Schuldenkrise machte das unwahrscheinlich. »Ich habe Vorschläge gehört, dass Indien ein Hilfsprogramm des Internationalen Währungsfonds benötigen könnte. Das ist lächerlich«, rückte Rajan die Verhältnisse zurecht. »Wir sprechen hier nicht über ein Land, das sich am Rande des Zusammenbruchs befindet.«

Dabei verschleierte die schlagzeilenträchtige Debatte über die Schuldenkrise den wahren Zustand und die wirklichen Probleme des Landes. Es sind die strukturellen Schwächen, die die Regierung versäumt hat anzugehen. Changyong Rhee, zu dieser Zeit Chefvolkswirt der Asiatischen Entwicklungsbank, umriss die Lage im Herbst 2013 richtig: »Die jüngsten Turbulenzen am Finanzmarkt sind eine zeitlich passende Erinnerung an die Notwendigkeit struktureller und fiskalischer Reformen, nicht nur um langfristiges Wachstum zu sichern, sondern auch um die Finanzmärkte auf kurze Sicht stabil zu halten.«

Natürlich ist Indien nicht so stark überschuldet, dass es wie 1991 vor dem wirtschaftlichen Kollaps stünde. Ihm fehlen aber die Grundlagen für nachhaltiges Wachstum: Arbeitsplätze, eine produktive Industrie, eine flächendeckende Infrastruktur, der Abbau der überbordenden Subventionen, funktionierende Arbeitsgesetze, Investitionsanreize, ein verlässliches Rechtssystem. In Boom-Zeiten kann man sich einige Zeit ohne diese Voraussetzungen retten. Wird die Luft dünner, wiegen die Schwächen umso schwerer. Indien büßt in diesen Monaten also dafür, zuvor seine Hausaufgaben nicht gemacht zu haben. Die Wirtschaft wird erst dann wieder ihr Potenzial heben, wenn Investoren ins Land zurückkehren. Dafür aber müssen sich die langfristigen Voraussetzungen ändern. Die Textilindustrie bietet ein Beispiel dafür, dass diese Änderungen bis tief in den sozialen Sektor hinein notwendig sind: Als die frauenverachtenden Produktionsbedingungen vor allem in Südindien bekannt wurden, verlagerten zahlreiche Markenhersteller ihre Fertigung rasch. Allerdings ausgerechnet ins Nachbarland Bangladesch. Langfristig werden auch Investoren darauf achten müssen, dass Arbeitnehmer gerechtere Bedingungen bekommen. Auch diese Voraussetzungen zu bieten, ist eine Aufgabe des indischen Staates.

Den indischen Politikern blieb im Krisenherbst 2013 wenig mehr, als an Glaube und Hoffnung zu appellieren: Der gute Monsun werde helfen, die Kaufkraft der Bauern zu steigern – ganz so, als hätten die Götter die Vor-Wahl-Gebete der Politiker erhört. Oft wurden auch die vergangenen neun Jahre zugrunde gelegt, um die Wachstumsrate auf durchschnittlich 7,9 Prozent schönzurechnen. Überzeugte auch das nicht, wandten die Politiker den Finger gen Westen: War nicht die Geldpolitik der amerikanischen Zentralbank der eigentliche Auslöser der indischen Krise?

Doch Rhetorik hilft Indien nicht weiter. Es gab Zeiten, da beherzigte das auch Manmohan Singh: Die Krise 1991 beantwortete er als damaliger Finanzminister mit einem mutigen Reformkurs, der das Land rettete. 2013 aber war er mit seinem Latein spürbar am Ende. Rajan, der Hoffnungsträger, erwies sich wenigstens als schwungvoller Redner: »Niemand kann an dem Potenzial Indiens zweifeln«, rammte er bei seinem ersten Auftritt als Zentralbankchef einen Pflock ein. Allerdings tut dies auch niemand. Doch immer sehnlicher wird das Warten auf jene, die es zu heben wissen. Bis dahin bleibt das Leben für den Einzelnen teuer.

KAPITEL 11

»Korruption ist die Luft, die wir atmen!«

Mallika Sarabhai ist berühmt als klassische Tänzerin, geachtet als Tochter eines führenden indischen Physikers und gefürchtet für ihre offenen Worte. In ihrem blauen Sari sitzt die Bürgerrechtlerin in der Dachkammer ihres Tanzzentrums in Ahmedabad hinter einem großen hölzernen Schreibtisch, die Klimaanlage brummt. So ausdrucksvoll sie auf der Bühne agiert, so rückhaltlos ist sie auch bei der Kritik an den Mächtigen ihres Landes: »Das Wort ›Scham‹ ist der indischen Gesellschaft verloren gegangen. Die Ärmsten müssen rund 40 Prozent ihres Einkommens für Bestechung ausgeben. In der Mittelklasse sind es vielleicht 25 bis 30 Prozent«, wettert Sarabhai.

»Die Armen müssen bestechen, um zu überleben, um eine Gasflasche zu bekommen, ein Krankenhausbett zu erhalten, ihr Kind in die Schule zu schicken. Das ist ein Systemfehler. Die mehr haben, verlangen Geld aus blanker Gier. Das endet nur, wenn den Übeltätern ihr Geld abgenommen wird und sie wirklich im Gefängnis landen. Bislang kommen sie nach vier Tagen auf Kaution wieder raus.«

Nicht nur ihre Landsleute nimmt die Kritikerin ins Visier: Auf die Frage, ob ausländische Unternehmen in Indien arbeiten könnten, ohne sich die Finger schmutzig zu machen, kommt ein klares Nein. Und dann fährt sie fort: »Korruption hat so viele Gesichter. Sie müssen doch nicht mehr mit einem Koffer voll Geld in der Tür stehen. Sie können die Bestechung auslagern, auf andere übertragen. Dann bekommen Sie am Ende eine saubere Rechnung. Das wird wie eine Dienstleistung gehandhabt.«

Bestechung wuchert auf allen Ebenen der indischen Gesellschaft: Erst gegen Rupien zeigt sich die Polizei hilfsbereit; für einen vierstelligen Dollarbetrag winkt auch einem Slumbewohner ein sicherer Job in der Stadtverwaltung; ein Beamter stempelt ein Dokument nur, wenn er dafür Geld sieht; der Arzt operiert erst, wenn er privat bezahlt wird; Journalisten bekommen Wohnungen, berichten sie gewogen.

Rajneesh Tiwari ist Chef einer kleinen Autoersatzteilfirma mit fünf Angestellten in Ghaziabad, unweit von Delhi. Sein Klagelied ist typisch: »Meine Firma muss für jede Amtshandlung Bestechungsgelder zahlen. Wenn ich nicht zahle, bekomme ich keine Genehmigung«, sagt Tiwari. Nicht nur als Unternehmer, auch als Vater muss er Schmiergelder zahlen: »Die Mittelschulaufnahme meiner Tochter Parnika hat mich 50 000 Rupien gekostet (600 Euro), auf dem Papier kostete sie nur

2000 Rupien [25 Euro], der Rest war Bestechungsgeld«, sagt Tiwari. So wie er klagen eigentlich alle in der neuen indischen Mittelschicht über die alte, noch unter englischer Kolonialherrschaft geschaffene indische Staatsbürokratie. Jeder in Indien macht diese Erfahrung.

Korruption keimt immer dort, wo die Bürokratie überbordet – jede Ebene muss Geld machen. Um an eine Stelle mit lukrativem Nebenverdienst zu kommen, haben die Beamten ihren Vorgesetzten zuvor eine hohe Gebühr entrichtet, die sie nun über Jahre wieder »einspielen« müssen.

Die Bestechung in Indien als reine Gier Einzelner zu begreifen, führt also in die Irre. Sie ist systemimmanent. Von der Geburts- bis zur Sterbeurkunde: Nichts geht ohne Schmiergeld. Das Verbrechen beginnt auf den obersten Etagen: bei Bundesministern, Ministerpräsidenten, Spitzenfunktionären, Bankiers, Generälen – immer wieder werden Fälle von Korruption und Bestechlichkeit bekannt. Opfer ist die gesamte Gesellschaft. Ratan Tata, über Jahre Chef des Tata-Konzerns und Symbolfigur des rechtschaffenen Indien, berichtete, er habe nur deshalb keine Tata-Fluglinie gegründet, weil er für die Genehmigung astronomische Bestechungsgelder hätten zahlen sollen.

Wer nach Schmutz sucht, findet ihn an jeder Ecke: Bei den Commonwealth-Spielen 2010 in Delhi verdienten Politiker, Beamte und Unternehmer nach Belieben mit. Noch Stunden vor der Eröffnungszeremonie drohten

Mannschaften mit der Abreise, weil Betten zusammenbrachen oder Toiletten chronisch überflutet waren. Einige wenige Inder bereicherten sich in großem Stil, indem sie völlig überzogene Rechnungen ausstellten, oft ohne überhaupt ihre Arbeit zu erledigen.

Beim »Coalgate« genannten Skandal zwei Jahre später ging es um die Vergabe von Schürfrechten unter der Hand: Die Regierung hatte 150 Kohleminen, die einen Großteil der zukünftigen Energieproduktion des Landes erbringen sollen, nicht zu einem marktüblichen Verkaufspreis an ihr genehme Unternehmen vergeben. Verschenkt hätte es heißen müssen, doch das wäre illegal gewesen.

Beim sogenannten »G-2 Scam« musste dann sogar ein Minister ins Gefängnis, weil er die Lizenzen für ein einträgliches Mobilfunkgeschäft als »Freundschaftsdienst« vergeben hatte – der den Staat die unfassbare Summe von knapp 40 Milliarden Dollar kostete. Leidtragende waren ausländische Investoren: Sie hatten Tochtergesellschaften in Indien übernommen, nachdem diese die Lizenzen zugesprochen bekommen hatten – auch ohne Politiker zu schmieren. Da aber später das gesamte Verfahren annulliert wurde, verloren auch die Ausländer die mitgekauften Lizenzen und damit Milliarden. Die Konsequenz ihrer korrupten Vergabepolitik bekamen die Inder postwendend zu spüren: Der Telekommunikationskonzern Etisalat aus Abu Dhabi sowie sein Konkurrent Bahrain Telecommunications gaben ihre Aktivitäten in Indien auf.

Alle Gesellschaftsbereiche sind von Bestechung, Betrug oder zumindest großen Unwägbarkeiten durchzogen: Kricketspiele der beliebten indischen Profiliga sollen in großem Stil manipuliert gewesen sein; Häuser für verdiente Soldaten in Bombay wurden von den Offizieren unter der Hand weitervermakelt und Kornspeicher von Bezirkspolitikern geplündert.

Wie können Ausländer unter diesen Bedingungen saubere Geschäfte machen? Vielleicht nicht nie, wie Mallika Sarabhai so kategorisch erklärt hatte. Aber selten, um ehrlich zu sein. Natürlich betont heute jeder deutsche Manager, sein Unternehmen verweigere jegliche Bestechung. Natürlich wandeln sich Siemens oder Daimler unter dem Druck der amerikanischen Börsenaufsicht zu sauberen Konzernen, deren mittleres Management nicht mal mehr ein Gastgeschenk für mehr als 20 Euro machen darf.

Im nächsten Satz aber betonen eben diese Manager, dass ihre Gegenüber aus Frankreich oder Japan ganz anders vorgingen, teilweise mit Hilfe ortsansässiger Botschaften. Wahr ist wohl, dass man sich arrangiert hat. Deshalb geht das schmutzige Wort »outsourcing of corruption« um. Dahinter verbirgt sich ein perfektes System, sich die Hände nicht selber dreckig zu machen: Ortsansässige Agenten holen Container oder Luxuskarossen gegen eine ordentlich ausgewiesene Gebühr aus dem Hafen. Die Auftragsvergabe läuft über einheimische Vermittler. Sie machen die Drecksarbeit, nicht das ausländische Unternehmen, das davon nichts wissen will.

Eine Hand wäscht die andere. Ein deutscher Mittelständler erzählt, dass seine indischen Geschäftspartner bei einem Firmenbesuch nicht nur die Übernahme der Kosten für den Erste-Klasse-Flug der Gattin verlangten, sondern auch die Rechnung des Kieferorthopäden in Stuttgart für das Richten der Zähne des Ehepaares gleich miteinreichten.

In der Klemme sitzt unter solchen Bedingungen vor allem der entsandte Statthalter des Investors: Beim Vorstand daheim hat er unterschrieben, sauber zu arbeiten. Zugleich muss er vor Ort Umsatz und Gewinn steigern, Aufträge hereinholen, Marktanteile erobern. In einem Land wie Indien ist dieser Widerspruch oft nur über Umwege zu lösen. Suchen die Behörden nach Schuldigen, schweben damit die Statthalter der ausländischen Unternehmen in höchster Gefahr – denn es ist ausgesprochen schwierig, bei diesen gegensätzlichen Interessenlagen nicht gegen die Gesetze zu verstoßen.

Was aber geschieht mit dem Schwarzgeld, das über Bestechung eingenommen wird? Der Polizist, der Lehrer, der Hausmeister brauchen das Geld, um zu überleben. Am oberen Ende der Gesellschaft hingegen wird es gesichert und angelegt. Und das gerne im Ausland. Die amerikanische Denkfabrik »Global Financial Integrity« erklärt, dass Indien seit seiner Unabhängigkeit 1948 mehr als 400 Milliarden Dollar durch den Transfer von Schwarzgeld verloren habe – ein sehr großer Teil davon erworben durch Korruption und dann außer Landes geschafft.

Die Inder sind Weltmeister darin, Geld an den Steuerbehörden vorbei über die Grenzen in Sicherheit zu bringen, sagt Ambar Pratap Singh, Direktor der Obersten Ermittlungsbehörde Indiens (CBI). Die Tageszeitungen Delhis ätzen, wenn die Manager- und Politikereliten alljährlich zum Weltwirtschaftsforum nach Davos pilgerten, täten sie dies, um in ihrem Diplomatengepäck Rupien oder besser noch Dollar auf Schwarzgeldkonten nach Zürich zu schaffen. »Wir gehen davon aus, dass 500 Milliarden illegale US-Dollar, Geld, das Indern gehört, in Steueroasen außerhalb des Landes liegen«, sagt Singh. Auch die Kunden mit den höchsten Einzahlungsbeträgen auf Schweizer Konten sollen demnach Inder sein. »Die illegalen Abflüsse verringern die Reserven in harter Währung und das Steueraufkommen. Damit treffen sie die Armen Indiens und vergrößern die Einkommensschere«, warnt Raymond Baker, Direktor von Global Financial Integrity. Zugleich beschädige die illegale Kapitalflucht die Effektivität der Entwicklungshilfe und behindere die wirtschaftliche Entwicklung Indiens. »Gerade ein Land, das noch darum kämpft, die Armut abzubauen und zugleich über zu knappes Kapital verfügt, kann sich in keinem Fall erlauben, Gelder in dieser Größenordnung zu verlieren.«

Der Ökonom Arun Kumar aus Neu-Delhi fasst zusammen: »Die Hälfte unseres Bruttosozialprodukts ist von der schwarzen Wirtschaft erfasst, sie pervertiert alle Bereiche unseres Lebens.« Stimmen seine Berechnungen, dann wurden seit Gründung der Republik konservativ geschätzt 462 Milliarden Dollar illegal ins Ausland transferiert, weitere 178 Milliarden Dollar wurden innerhalb Indiens beiseitegeschafft. Ein großer Teil des verbotenerweise außer Landes gebrachten Geldes dürfte gewaschen, reimportiert und »reinvestiert« werden, nur um dann die Gewinne erneut abzuziehen.

Ähnlich professionalisiert ist inzwischen die Steuerhinterziehung – auf der ganzen Welt betrieben von denjenigen, die Geld verdienen. In Indien ist sie der Normalzustand: Nur drei Prozent der Menschen zahlen überhaupt Einkommenssteuer. Damit rauben sie dem Staat die Möglichkeiten zu investieren. Was getan wird, bleibt Flickwerk.

Natürlich sind Bestechung und Bestechlichkeit auch in Indien verboten. Doch Strafen muss kaum jemand fürchten: Mitglieder der Oberschicht brechen Gesetze nahezu nach Gutdünken. Auswirkungen auf die eigene Karriere drohen kaum. Gegen ein knappes Drittel der Parlamentarier in Neu-Delhi laufen Strafverfahren. In den Parlamenten der Bundesstaaten liegt die Zahl noch wesentlich höher: Gegen 1258 der insgesamt 4032 Abgeordneten wurde 2012 ermittelt. Die größte Demokratie der Erde wird also von Kriminellen mitregiert. Und einmal mehr hat sich die Regierung unter Ministerpräsident Singh blamiert: Nachdem das Oberste Gericht Indiens verfügt hatte, dass verurteilte Abgeordnete ihr Mandat abgeben müssen, schritt sie ein. Um das drohende politische Erdbeben zu verhindern, hob Singh den Richterspruch per Dekret auf. Diese Entscheidung war so hanebüchen, dass später der Hoffnungsträger der

Regierungspartei, Rahul Gandhi, versuchte einzugreifen. Gandhi bezeichnete die Entscheidung seiner Parteifreunde öffentlich als »Nonsens« und »völlig falsch«.

Die so stolze »größte Demokratie der Erde«, in der sich Wählerstimmen für eine Flasche Schnaps oder eine Plastikuhr aus China kaufen lassen, ist zum handlungsunfähigen Schatten ihrer selbst geworden. Das Magazin *India Today* spricht von einem »absurden Theater«, das das Unterhaus (Lok Sabha) in der Legislaturperiode zwischen 2009 und 2014 aufgeführt habe: Die Abgeordneten traten überhaupt nur zu 63 Prozent der anberaumten Sitzungen zusammen. Die Legislatur war für den Steuerzahler zwar teuer wie nie zuvor, schon weil die Diäten der Parlamentarier 2010 im Vergleich zur Sitzungsperiode davor um 200 Prozent angehoben worden waren. Dennoch blieben 74 Gesetze unverhandelt liegen – so viel wie nie zuvor in einer Legislaturperiode. »Die Sitzungsperiode zwischen 1952 und 1957 wird als Signal für die Hoffnungen und Möglichkeiten (Indiens) in die Geschichte eingehen. Die zehnte Sitzungsperiode von 1991 bis 1996 schuf eine Politik, die Indien die Tür zur Welt öffnete. Die 15. Periode, die im Frühjahr 2014 dramatisch zu Ende geht, wird wohl für immer mit dem Schimmelpilz der Stagnation verbunden werden«, schreibt *India Today*.

Eine andere Ursache für die Handlungsunfähigkeit Indiens ist die Rechtlosigkeit im Wirtschaftsleben. Korruption durchzieht alle Ebenen, ist Alltag. Schwarzgeldtransfer ist ihre logische Folge, Steuerhinterziehung eine Begleiterscheinung. Die Menschen aber betrachten die Korruption als eine schwere Krankheit, mit der man sich über die Jahre arrangiert. Und resigniert. »Wir leben in einem System der Vetternwirtschaft. Unser Geschäft machen wir trotz der Regierung, nicht dank ihrer Arbeit. Das Wirtschaftsklima ist geprägt von einer Integrität unter Dieben«, sagte uns der millionenschwere Speditionsunternehmer Gaurav Gathge. Einer seiner Angestellten, der Fahrer Aniz Chavan, bringt die Enttäuschung über den Zustand des Landes so auf den Punkt: »Wer hier die Gesetze macht, der bricht sie als Erster.« Und im größten Slum des Landes, in Dharavi im Herzen Bombays, sagt der 20-jährige Metallarbeiter Akash Dhangar: »Korruption ist die Luft, die wir in Indien atmen. Ohne kann hier niemand leben.«

KAPITEL 12

Straßen ins Abseits

Im Frachthof der Spedition Gathge im südindischen Kolhapur beladen sechs Mann einen Lastwagen: Sie heben schwere Zuckersäcke, Stahlformen für Autoreifen, eine Vespa, Kisten mit ayurvedischer Medizin. Schweiß läuft ihre Brust hinab. 90 Rupien (1,20 Euro) bekommt jeder von ihnen für jede Tonne Fracht, die er bewegt. 30 Tage im Monat schuften sie, zwölf Stunden am Tag. »Nur die Leute mit kaputten Knien oder Rücken bleiben zu Hause«, sagt Vorarbeiter Mahadeo Shankar Shelar. Er hat blutunterlaufene Augen, wie fast alle hier – vom Arrak. »Ein Schluck nimmt die Schmerzen«, sagt einer. »Ein Schluck«, das sind 250 Milliliter für 40 Rupien (50 Eurocent). Bis zu 150 Kilo schleppen die Träger auf ihrem Rücken. »Die Regierung erlaubt 50 Kilo. Würden wir danach arbeiten, hätten wir nie genug zu essen«, sagt Shelar.

Stundenlang haben die Männer den Laster beladen, nun rollt er auf die Straße. Für die nächsten 18 Stunden wird seine Durchschnittsgeschwindigkeit bei nur gut 30 Kilometern in der Stunde liegen. Obwohl er sich auf einer der besten Autobahnen Indiens voranbewegt, auf der Strecke in die Softwaremetropole Bangalore im Süden des Landes. Doch es gibt viele Hindernisse: Gegenverkehr auf derselben Fahrspur; Landesgrenzen, an denen Papiere gesichtet werden; lang gestreckte Auffahrten über Berge; Sandpisten, die den Asphalt immer wieder unterbrechen. All das kostet Zeit. Wer die Strecke an Bord hinter sich gebracht hat, weiß, warum Indiens Wirtschaftsentwicklung lahmt: Die Infrastruktur ist hoffnungslos überlastet, vernachlässigt, verrottet.

Eine Fahrt allein durch Bangalore, einst die grüne Lunge des Landes, dauert heute wegen der Staus mindestens drei Stunden. Die Stadt wollte Überführungen und eine Schnellstraße zum modernen Flughafen bauen – über Jahre geschah nichts, obwohl die internationalen Softwarekonzerne zwischenzeitlich den Druck massiv erhöhten und mit Investitionsstopp drohten. Schon wurde der Hubschrauber in der Software- und Callcenter-Metropole Bangalore eine interessante Alternative für diejenigen, die ihn sich leisten können. Air Deccan wollte den weit vor dem Zentrum gebauten Flughafen mit einem Helikopter-Service an den stadtteilgroßen Industriepark Electronics City anbinden, wo Firmen wie Infosys, SAP oder Wipro ihren Sitz haben. »Sie sparen sich drei Stunden Stau«, warb Air-Deccan-Chef G. R. Gopinath für seine Geschäftsidee. Ganz so weit ging der Anspruch der Fahrer von Daimler nicht. Als wir zu Besuch in das riesige Forschungszentrum des Konzerns in

Bangalore eingeladen waren, rollte die zum Flughafen entsandte S-Klasse über Schleichwege und Nebensträßchen Richtung Stadt. Zwar setzte die schwere Luxuslimousine immer wieder auf den Bodenwellen auf. Aber die Chauffeure verkürzten so die Fahrzeit von fast vier auf zweieinhalb Stunden.

Eine der führenden Tageszeitungen Bombays machte einen Test der besonderen Art: Ein Redakteur setzte sich mit einem Becher Kaffee auf den Beifahrersitz eines Autos und gab Milch hinzu. Der Wagen fuhr los. Nun maß er die Zeit, die es dauerte, bis Kaffee und Milch sich auf den Buckelpisten in der Millionenmetropole zu Milchkaffee vermischt hatten. Nie musste er länger als eine Minute fahren.

So humorvoll bis ergeben die Inder mit der maroden Infrastruktur auch umgehen mögen – de facto ist sie eines der Großrisiken, die das Land bei seiner wirtschaftlichen Aufholjagd aus der Spur zu werfen drohen. »Indien braucht in den nächsten fünf Jahren Infrastrukturinvestitionen in Höhe von einer Billion Dollar«, sagte der indische Finanzminister Palaniappan Chidambaram im Frühling 2013. Die Hälfte dieser gigantischen tausend Milliarden sollte die Privatwirtschaft beisteuern. Deutsche Banker schüttelten da nur den Kopf: »Angesichts der Zustände in Indien, der unsicheren politischen und rechtlichen Lage und der unklaren Gewinnaussichten finden wir vielversprechendere Anlageorte rund um die Erde«, sagte einer von ihnen. »Indien muss endlich seine Versprechen einlösen, damit Geld fließt.«

Hier schließt sich der Kreis: Korruption und Bürokratie erweisen sich als Stolpersteine für das, was das Land so dringend braucht: Investitionen, gerade auch in die Infrastruktur.

Wie könnte die Produktion aussehen, wäre auch nur annähernd genug Strom vorhanden? Wie viele Lebensmittel würden die Regale der Läden erreichen, würden nicht gut 30 Prozent Gemüse oder Fisch auf den zu langen Wegen ohne Kühlung verrotten? Wie viele Bauern und ihre Familien könnten auf dem Lande gerettet werden, gäbe es ein sicheres Bewässerungssystem für die Felder?

Der Mangel an Häfen und Flugplätzen, an Straßen, Kraftwerken, Wasserleitungen oder Telefonnetzen kostet die drittgrößte Volkswirtschaft Asiens jährlich Milliarden von Dollar – Geld, das sie nicht hat. Mehr als 70 Prozent des indischen Handelsvolumens werden über Häfen abgewickelt. Die aber sind blockiert, denn das Be- und Entladen dauert im Durchschnitt mehr als viermal so lange wie im führenden Containerhafen der Welt in Singapur. Manager rechnen vor, dass der Weg von der Fabrik zum Schiff in Indien mit mindestens 12 Prozent der Gesamtkosten eines Produktes zu Buche schlage. Der Durchschnitt auf der Welt liege dagegen bei 6 Prozent. Als aber Hutchison Whampoa, einer der größten Hafenbetreiber der Welt aus Hongkong, indische Handelshäfen übernehmen und den Betrieb rationalisieren wollte, blockierten ihn Politiker – laut Medienberichten aus Sorge, »strategischen Besitz« aufzugeben.

Im Jahr 2008 vereinbarte der Bundesstaat Andhra Pradesh mit den arabischen Investoren von Ras Al Khaimah den Bau eines dringend benötigten Industriegebiets. Es sollte sich über 83 Quadratkilometer erstrecken, einen Hafen und eine Freihandelszone umfassen und 63 000 Arbeitsplätze bringen. Eine weitere halbe Million Menschen hätte indirekt Arbeit gefunden, als Lieferanten, Köche, Fahrer. Im September 2013, fünf Jahre nach Vertragsabschluss, begruben die Inder das Projekt. Als Grund nannten sie, das Außenministerium in Neu-Delhi habe Widerspruch eingelegt.

Es klemmt und hapert landauf, landab. Die Industriebetriebe am neuen Standort Pune vor den Toren Bombays haben sich darauf eingestellt, mehrmals in der Woche die Arbeit zu unterbrechen, weil der Strom abgeschaltet wird. Heung Soo Lheem, Vorstandschef des koreanischen Automobilherstellers Hyundai in Indien, machte gegenüber indischen Reportern seinem Ärger Luft. Der Grund: Die Landesregierung von Tamil Nadu hatte ihn angewiesen, seine Fabrik in Chennai sonntags offen zu halten und dafür montags zu schließen. Denn sonntags liegt der allgemeine Stromverbrauch viel niedriger. »Wir müssen doch mit einer Vielzahl von Kunden und Institutionen rund um den Erdball in Kontakt bleiben. Wollen Sie uns ernsthaft zwingen, unseren Abnehmern und Geschäftspartnern zu erklären, dass wir montags nicht mehr zu erreichen sind, weil Indien eine Stromkrise hat? Denken Sie daran – Chennai hat das Potenzial, einer der führenden Standorte der Automobilindustrie zu werden. Solche Schritte aber führen nur in eine Richtung: rückwärts«, wetterte der koreanische Manager.

Diese Versorgungslücke trifft aber nicht nur die Großindustrie. Jeder Inder spürt sie täglich. Rund ein Viertel der 1,2 Milliarden Inder hat bis heute überhaupt keinen Zugang zu Elektrizität. Gründe dafür liegen in der defizitären, fast ausschließlich staatlichen Produktion, im mangelhaften Netz, im Verschenken von Strom zur Unterstützung der Landwirtschaft und im Stromdiebstahl. Vor allem aber liegt es an einer Politik der Eliten, die viele ländliche Gebiete von der Infrastrukturentwicklung schlicht ausschließt.

Ein weiteres Problem: Viele Kraftwerke können ihre Kapazitäten nicht ausschöpfen, weil der ineffiziente staatliche Rohstoffkonzern Coal India nicht genügend Kohle bereitstellt. Schon drohte Ministerpräsident Singh Coal India in einem Akt der Verzweiflung mit hohen Strafen. Daraufhin kauften die Manager teure Kohle im Ausland. Und das, obwohl Indien über mindestens 7 Prozent der weltweit abbaubaren Reserven verfügt. Der Zukauf aus anderen Weltgegenden aber wurde 2013 aufgrund des sinkenden Außenwertes der Rupie teurer und teurer. China, das sich in einer in mancher Hinsicht vergleichbaren Situation befindet, denkt da viel langfristiger: Die Chinesen kaufen Rohstoffvorkommen in Afrika oder Australien gleich im großen Maßstab. Oft verbinden sie die Abbauverträge mit dem Bau von Infrastruktur, etwa Häfen oder Eisenbahnlinien. Finanziert wird der Auftritt von chinesischen Staatsbanken. Auf diese Weise machen sich die Chinesen in vielen Bodenschatzländern unentbehrlich. Natürlich wird das Verhalten der Chinesen zu Recht weltweit kritisiert. Es ist alles andere als vorbildlich. Nur: Die Inder, die ebenfalls am Tropf des Rohstoffimports hängen, haben auf das Vorpreschen ihres starken Nachbarn keine Antwort gefunden. Sie schauen weitgehend zu, während der große Konkurrent um die Rohstoffvorkommen der Erde sich absichert. Wenigstens müssten sie es schaffen, ihre eigenen Vorkommen im Lande zu nutzen.

Der Diebstahl von Strom und der Verlust durch Schwund in veralteten Netzen sollen sich in Indien auf rund 27 Prozent der Produktion belaufen. Zugleich aber wird der Strom für die Landwirtschaft, in der die meisten Inder beschäftigt sind, mit massiven Subventionen verbilligt. Die Bauern brauchen den Strom, um ihre Pumpen zu betreiben – angesichts des rasch sinkenden Grundwasserspiegels säßen sie sonst auf dem Trockenen. Die Subventionen plündern die Staatskasse, setzen die falschen Anreize, aber beglichen werden sie in der wichtigsten Währung der Politik: in Wählerstimmen. Das ist einfacher, als auf Dauer in ausreichende Kraftwerke, deren nachhaltige Versorgung und ein verlässliches Netzwerk zu investieren.

Die in Indien nun stark vorangetriebene Solarenergie ist dabei nicht mehr als der berühmte Tropfen auf den heißen Stein. Es ist ein Teufelskreis: Durch die künstlichen Niedrigtarife fehlt den Energieversorgern das Geld, um zu investieren. Die staatlichen Energieversorger Indiens sitzen auf Schulden in Höhe von fast 40 Milliarden Dollar. In den Büchern der Banken schlummern viele faule Kredite überschuldeter Stromerzeuger. Sie leiden darunter, dass die staatlichen Netzbetreiber nicht zahlen können oder wollen. Im Sommer 2012 wurde deshalb sogar schon über eine veritable Bankenkrise spekuliert. Unter solchen Bedingungen dürften schon die heimischen Banken kaum gewillt sein, den Ausbau der Stromnetze und Kraftwerke zu finanzieren. Ausländer investieren in einer solchen Lage sowieso nicht – Produktion und Netz veralten und verrotten immer weiter. Auch deshalb soll Kosmetik manches verdecken: So verfiel die Regierung auf die skandalöse Idee, die Hälfte der aufgelaufenen Schulden der Stromkonzerne einfach auf die Provinzregierungen und damit auf den Steuerzahler auszulagern.

Kein Wunder also, dass es Mitte 2012 zu einem massiven Blackout kam, der rund um die Erde Schlagzeilen machte: Gut 600 Millionen Inder saßen ohne Strom da – rechnerisch immerhin fast ein Zehntel der Weltbevölkerung. Der Nahverkehr fiel in weiten Teilen des Nordens und Ostens aus, die moderne U-Bahn in Delhi musste ihren Betrieb einstellen. Fernzüge blieben stehen. Bergleute saßen unter Tage fest, weil die Aufzüge nicht mehr fuhren. Krankenhäuser und Flughäfen stellten auf Notstrom aus Dieselgeneratoren um. Auf den schon an normalen Tagen überlasteten Straßen der Städte herrschte Chaos. Am Ende kaufte die drittgrößte Volkswirtschaft Asiens in ihrer Not Energie vom winzigen Himalaja-

Staat Bhutan zu, um die Lücke zu schließen. Das Land mit seinen gerade einmal 800 000 Einwohnern liefert permanent rund ein Prozent des Stroms des riesigen Nachbarn.

Der Blackout hatte auch politische Folgen: Der mächtige Energieminister, der der Kongresspartei angehört, verlor sein Amt. Zuvor aber durfte Sushil Kumar Shinde seine eigene Arbeit im Fernsehen noch als »ausgezeichnet« bezeichnen. Danach wurde Shinde postwendend, während noch nicht mal überall im Land der Strom wieder angeschaltet war, zum Innenminister befördert. »Energie- und ahnungslos« agiere die Führung, giftete die Tageszeitung *Times of India*. Die Wirtschaftszeitung *Economic Times* sekundierte: »Supermacht Indien, ruhe in Frieden.«

Die Regierung schätzt, dass das Land unter einer Stromunterversorgung von 9 Prozent zu Spitzenzeiten leidet. Aus der Unterversorgung resultiere ein Verlust von 1,2 Prozentpunkten in der jährlichen Wirtschaftsleistung Indiens. Analysten sprechen sogar von rund 2 Prozentpunkten. Anders ausgedrückt: Verfügte Indien über den Strom, den es braucht, könnte seine Wachstumsrate bei rund 7 statt bei 5 Prozent liegen. Käme das Wachstum bei ihnen an, würden damit Millionen von Menschen früher aus der Armut befreit.

Ministerpräsident Manmohan Singh kündigte angesichts der Misere an, die sagenhafte Summe von 400 Milliarden Dollar in die Energieversorgung des Landes pumpen zu wollen. Innerhalb von fünf Jahren sollten damit zusätzlich 7600 Megawatt erzeugt werden. Neben den massiven Investitionen in Kohlekraftwerke sollten auch Atom- und Solaranlagen gebaut werden

Freilich sieht es nicht danach aus, als würde der Plan gelingen. Seit 1951 hat Indien jedes selbstgesteckte Ziel zum Ausbau seines Stromnetzes verpasst. Auf mittlere Sicht könnte der Ausbau wohl nur durch private Unternehmen gelingen. Die aber scheuen den völlig überregulierten Markt und beschränken sich darauf, Turbinen oder ganze Kraftwerke an Indien zu verkaufen, ohne sie betreiben zu wollen.

Der Nachholbedarf der indischen Infrastruktur hat zwei Seiten: Auf der Angebotsseite bremsen Bestechung, Überregulierung, Behördendschungel und langwierige Entscheidungsprozesse den Ausbau. Zeitgleich aber steigt der Druck auf der Nachfrageseite stündlich – und ist bereits höher als je zuvor. Denn dank des Wachstums des Bruttoinlandsproduktes von durchschnittlich sieben Prozent in der Dekade seit 1997 bildet sich zwar eine an der Gesamtbevölkerung gemessen noch kleine, aber immer anspruchsvollere Mittelschicht. Sie will ungestört fliegen, in sicheren Zügen und mit schönen Autos auf guten Straßen fahren, unverdorbene Lebensmittel verzehren. Viele aber wollen nicht für eine bessere Infrastruktur zahlen, manche können es nicht.

So wenig wie die Stromproblematik bekommt Indien die Versorgung mit Trinkwasser in den Griff. Mehr als die Hälfte des Trinkwassers geht auf dem Weg vom Wasserwerk zum Verbraucher verloren – wo die Leitungen nicht leck sind, bohren Slumbewohner sie an, um Wasser abzuzapfen. Man kann die Menschen verstehen: 700 Millionen Inder haben keinen gesicherten Zugang zu sauberem Trinkwasser.

Es fehlt an Land, an Strom, an Wasser, es fehlt an Baumaschinen, es fehlt vor allem aber an Geld und dem Willen zur Änderung. Über Jahre versprachen die indischen Politiker eine Verdoppelung der Ausgaben für Infrastruktur – erreicht wurde sie nie. Selbst dann aber hätten die Investitionen bei weniger als der Hälfte der Summe gelegen, die China jährlich in den Ausbau von Häfen, Stromnetzen, Kraftwerken, Flughäfen und Straßen pumpt. Träumten sie vom Ausbau, benutzten die indischen Politiker ein Zauberwort: PPP – Public Private Partnership. Dabei gehen öffentliche Hand und private Geldgeber einen Bund ein, durch den beispielsweise große Infrastrukturprojekte von Investoren finanziert werden, die dafür über Jahrzehnte ansehnliche, verlässliche Renditen kassieren.

Selten ist dieses Konzept einfach. In Indien hat es aber kaum je gegriffen. Denn zu viele Fragen sind offengeblieben: Sind die Inder überhaupt bereit und in der Lage, entsprechende Preise für die Nutzung der Infrastruktur zu zahlen? Nur dann nämlich wird die private Wirtschaft sich engagieren. Ist die Struktur so geschaffen, dass die private Wirtschaft sich engagieren kann? Bürokratie und Bestechung etwa müssen dafür mit Macht bekämpft werden. Und gibt es Rechtssicherheit, so dass Investoren ihre Ansprüche auf Jahre durchsetzen können? Die Abwesenheit beziehungsweise der Abzug von Investoren spricht eine deutliche Sprache. Sie haben diese Fragen bis auf weiteres mit Nein beantwortet.

KAPITEL 13

Deutsche Manager verrechnen sich

Immer wieder werden die Beziehungen zwischen Indien und Deutschland schöngeredet. Von beiden Seiten, solange es ihnen nutzt. Auf seiner Website schrieb etwa der Windanlagenhersteller Enercon India Ltd. (EIL) unter dem prominenten Stichwort »Unternehmensprofil«: »EIL wird mit dem jüngsten Design und Entwicklungen von ihrem Anteilseigner Enercon GmbH unterstützt.« Doch nichts lag der Wahrheit ferner als diese Behauptung. Denn bei der Enercon GmbH in Aurich, die die Mehrheit an EIL hält, betrachtete man das Engagement in Indien damals längst als gescheitert: Die Investitionen habe man abgeschrieben, man sei auf mehreren Ebenen betrogen, beraubt, die Mitarbeiter seien bedroht worden. »Es ist offensichtlich, dass die indische Seite die Absicht verfolgt, Enercons faktische Enteignung in Indien durchzusetzen«, sagte Hans-Dieter Kettwig, Geschäftsführer der Enercon GmbH. Starke Worte. Doch so oder ähnlich hört man sie in der deutschen Wirtschaft immer öfter. Wenn auch meist hinter vorgehaltener Hand.

Beim Thema China reden deutsche Manager immer noch über Wachstumsraten. Kommt die Rede auf Indien, das lange als »das zweite China« galt, ist indes von der Euphorie am Beginn des Jahrtausends nichts mehr zu spüren – inzwischen geht es meist um die vertanen Chancen des Landes. Einer, der sich traut, offene Worte zu sprechen, ist APA-Chef Lienhard: »Die Regierung kann die Forderung ja nicht mehr überhören, dass sie aufräumen muss. Aber sie muss damit auch beginnen«, hält er fest. Und fügt dann an: »Unternehmen wie der Windturbinenhersteller Enercon oder der Pharmakonzern Bayer leiden massiv an mangelnder Rechts- und Patentsicherheit. Sie machen bittere Erfahrungen in Indien. Es kann nicht sein, dass die drittgrößte Wirtschaftsnation Asiens sich per Gesetz einfach über internationale Patentstandards hinwegsetzt.«

Wer seit Jahrzehnten vor Ort ist, wie Siemens oder Bosch, verdient prächtig. Und natürlich gibt es auch Mittelständler, die auf Anhieb Erfolg haben. Aber viele, die neu kommen, werden über den Tisch gezogen. Andere warten unendlich lange auf die Erfüllung von Verträgen, das Einlösen von Zusagen. Als Peter Löscher in seiner Rolle als Vorstandschef von Siemens noch den Asien-Pazifik-Ausschuss der Deutschen Wirtschaft leitete, klagte er mit Blick auf Indien: »Rund 600 Großprojekte im Wert von etwa 1000 Milliarden Dollar werden verzögert.«

Nicht auszuschließen, dass sich manch deutscher Unternehmer heute glücklich schätzen kann, dessen Projekt gar nicht erst genehmigt wurde. Denn viele derjenigen, die in Indien auf den ganz großen Erfolg gehofft hatten, wurden bitter enttäuscht. »Die Euphorie ist verebbt. Indien entwickelt sich langsamer, als wir geplant haben«, räumte Hanno Wentzler, Vorstandschef von Freudenberg Spezialchemikalien, auf der Asien-Pazifik-Konferenz der Deutschen Wirtschaft in Delhi ein. Allein in den Jahren 2012 und 2013 kämpften Adidas gegen seine ehemaligen Manager, Enercon und Faber-Castell gegen ihre früheren Geschäftspartner. Porsche konnte keine Vorstände mehr in den Wachstumsmarkt reisen lassen, weil ihnen dort die Verhaftung droht. Lufthansa darf Jahre nach der Antragstellung immer noch nicht mit dem Airbus A 380 nach Delhi fliegen, wird vom indischen Luftfahrtminister unter Druck gesetzt und streicht Strecken. Pharmakonzerne wie Bayer oder Novartis kämpfen in Indien an vielen Fronten gegen das staatlich genehmigte Unterlaufen von Patenten.

Auch Staatsunternehmen sind nicht vor Niederlagen gefeit: Groß feierte die Kreditanstalt für Wiederaufbau (KfW) ihre Finanzierung des »größten Solarkraftwerkes der Welt« in Indien. Dann aber geschah über viele Monate nichts mehr. Der Bau wurde eingefroren, weil sich die Streitigkeiten über die Landvergabe hinzogen. Die KfW mit ihrem Tochterunternehmen Ipex und der Frankfurter Flugzeugfinanzierer DVB rangen 2013 über Monate um die Freigabe der von ihnen finanzierten Maschinen, bis der DVB-Vorstand in Frankfurt weitere Geschäfte in Indien schlicht untersagte. Der Flughafenbetreiber Fraport hat sich verärgert aus Indien zurückgezogen: 2006 hatten sich die Frankfurter für 40 Millionen Euro am Hauptstadtflughafen Neu-Delhi beteiligt. Sechs Jahre später zogen die Deutschen die Reißleine: »Wir werden unsere Zelte in Indien abbrechen. Natürlich ist das eine Enttäuschung«, lautete das Fazit. Noch bei der Eröffnung des Terminals in Delhi hatten sie verkündet, Indien sei »ein Meilenstein in der Internationalisierungsstrategie« von Fraport. Dann aber stockten die Pläne. »Wir wollten weitere Beteiligungen. Es wurde viel versprochen, aber nichts umgesetzt. Die Politik in Indien ist zum Stillstand gekommen.«

Den Deutschen kann es nur ein schwacher Trost sein, dass sie sich mit ihren Problemen in Indien in das Who's who der internationalen Konzerne einreihen. Immer mehr ausländische Unternehmen geraten auf dem Subkontinent in die Fänge gieriger Geschäftspartner, bestechlicher Bürokraten oder Politiker, die ihren eigenen Vorteil suchen. Zwar gibt es ausreichende Gesetze, doch Rechtssicherheit, die eine unverzichtbare Grundlage für Investitionen bildet, sieht ganz anders aus: Gesetze werde geändert, selbstgefällig interpretiert, Prozesse ziehen sich über Jahre hin, Gerichte sind geschmiert, Zeugen gekauft, Anwälte wechseln mit ihrem Detailwissen über Nacht die Seiten.

Zum Symbol für die Misere wurde der britische Telekommunikationskonzern Vodafone: Gegen eine horrende Steuerforderung für den Kauf des Telefongeschäftes von Hutchison Whampoa in Indien, der vollständig im Ausland abgewickelt wurde, klagten die Briten. Schließlich gab ihnen das Höchste Gericht in Delhi recht. Aber die Champagnerkorken knallten zu früh. Denn prompt kündigte die Regierung an, sie werde das bestehende Gesetz für rückwirkend 50 Jahre verändern. So hebelte sie den Richterspruch aus, und Vodafone sollte 5 Milliarden Dollar zahlen – für unternehmerisches Handeln, das zu seinem Zeitpunkt gesetzeskonform war. Ein Sturm der Entrüstung brach los und traf Ministerpräsident Manmohan Singh. Internationale Wirtschaftsverbände forderten von Singh, dafür zu sorgen, dass Indien »das Vertrauen in seine Rechtsstaatlichkeit wiederherstellen« kann.

Auch Honda, IBM, Nokia, Sanofi-Aventis und der Ölkonzern Royal Dutch Shell haben milliardenschwere Probleme mit den indischen Steuerbehörden. Der koreanische Stahlkonzern Posco kann seit einem Jahrzehnt sein geplantes Werk nicht bauen, weil er die Genehmigungen nicht zusammenbekommt.

Wal Mart, die größte Handelskette der Welt, legte seine Investitionen enttäuscht auf Eis. Selbst der indische Tata-Konzern verfing sich mit dem Bau einer Fertigungsanlage für den Auto-Winzling Nano so tief im politischen Gewirr, dass er die schlüsselfertige Fabrik in Westbengalen schließlich verfallen ließ, um an anderer Stelle in Indien von Neuem zu bauen. Alle Manager führen das Desaster auf Rechtsunsicherheiten, oft rückwirkend geänderte Gesetze, völlig unterschiedliche Auslegungen des Rechtes und Populismus der Politiker zurück. Dabei ist oft schwer zu unterscheiden, wo sich die Manager zu Recht über Filz und Bürokratie beschweren und wo sie Vorwürfe nutzen, um durchaus gerechtfertigte soziale und ökologische Gesetzesschranken zu unterwandern. Die Wirtschaftszeitung *Mint* aus Bombay spricht in diesem Zusammenhang von »Flip-Flop-Politik« der Inder, die sich fortwährend und unberechenbar hin und her bewege.

Lange erfuhren wir solche Geschichten des Scheiterns allenfalls abends an der Hotelbar von Managern. Niemand wollte es sich mit dem Wachstumsmarkt Indien und seinen Protagonisten verderben. Die Goldgräberstimmung angesichts des »nächsten China« machte alle Bedenken vergessen. Die Folgen waren fatal: Auch weil sich gestandene Unternehmer aus dem Ausland nicht trauten, den Mund aufzumachen, änderte sich in Indien rein gar nichts. Volkswagen kämpfte jahrelang um den Markteintritt – und musste sich zu Beginn mit augenscheinlich massiver Bestechung auseinandersetzen. Schließlich durften die Deutschen ein riesiges Werk bei Pune errichten. Doch blieben sie noch lange gezwungen, um den zugesagten Eisenbahnanschluss zu kämpfen. Als aber das Werk unter Volllast laufen sollte, im Krisenjahr 2013, musste das Unternehmen einen zweistelligen Absatzrückgang in Indien einräumen. Erst als die Zustände nicht mehr totzuschweigen waren, als auch deutsche Aktionäre immer stärker nach den Risiken auf dem Subkontinent fragten, zog schrittweise mehr Offenheit ein: Dann wurden »spin doctors« beauftragt, uns Journalisten Zwischenfälle zuzuspielen. Später hielten auch deutsche Unternehmen Hintergrundgespräche ab, aus denen wir zwar nicht berichten durften, deren Botschaft aber immer die gleiche war: So geht es nicht weiter. So können deutsche Unternehmen nicht arbeiten. Deshalb lege man die Investitionen auf Eis. Einer der wenigen, die in ihrer Wut den Mund aufmachten, war der Fraport-Statthalter Ansgar Sickert. Kurz bevor er enttäuscht und verärgert das Land verließ, gab er in Delhi zu Protokoll: »Die Regierung hat kein Rückgrat und keine Antriebskraft. Bis nach den Wahlen 2014 wird nichts mehr passieren.«

Die Indien-Euphorie der deutschen Manager schmilzt wie Butter in der Sonne. Noch einmal APA-Chef Lienhard: »Angesichts der Vielzahl der Skandale liegt es auf der Hand, dass nun manche potenziellen Investoren sagen werden: Lass uns erst mal abwarten. Denn unter solchen Umständen kann niemand von uns agieren. Uns sind die Hände gebunden, wenn Bestechungsgelder gefordert werden. Und damit verlieren wir Geschäftsmöglichkeiten.«

In einer Umfrage der Außenhandelskammer in Bombay stellen die Vertreter deutscher Unternehmen dem Subkontinent im Sommer 2012 ein deutlich schlechteres Zeugnis aus als in den Jahren zuvor: »Die Zeiten auch für deutsche Investoren werden in Indien schwieriger«, konstatierte man zusammenfassend. Die schlechteren Bedingungen in Indien schlagen direkt auf die Gewinne durch: »Zwar wachsen Umsatz und Gewinne bei den meisten Firmen noch, jedoch spürbar langsamer als noch im Vorjahr.« Das aber ist nicht das größte Problem: »Die meisten Unternehmen sehen nach wie vor Korruption als ein hartnäckiges Hindernis in der indischen Geschäftswelt. Aus der Sicht vieler Manager verschlimmert sich dieses Problem sogar noch«, heißt es bei der Kammer. So geben 41 Prozent der deutschen Manager in Indien an, die Korruption habe sich trotz des offiziellen Kampfes gegen sie sogar noch verdichtet. Weitere 42 Prozent nehmen keine Verbesserung wahr. Natürlich »kürzen die Deutschen zurzeit ihre Investitionspläne«: Wollten 2011 noch gut 44 Prozent ihre Investitionen auf dem Subkontinent »deutlich erhöhen«, waren es 2012 nur noch 25 Prozent. 4 Prozent der Deutschen wollten schon 2011 ihr Engagement verringern, ein Jahr später beträgt die Zahl schon 10 Prozent. Ein Wunder ist das nicht, kritisierten doch inzwischen 39 Prozent der Teilnehmer der Umfrage eine Verschlechterung des Investitionsklimas und der politischen Rahmenbedingungen.

Für die wachsende Sorge vor Rechtsunsicherheit erhob die Außenhandelskammer drei Gründe: Die Manager akzeptierten die Verschleppung juristischer Prozesse, die »kriminelles Verhalten vereinfacht«, nicht mehr. Das Höchste Gericht in Delhi bräuchte allein 466 Jahre, um alle anhängigen Fälle abzuarbeiten, berechnete dessen Vorsitzender Richter. Hinzu komme die wachsende Zahl kontroverser regulatorischer Entscheidungen und umfangreicher Betrugsfälle, gefördert durch Vetternwirtschaft bis auf die höchsten Ebenen. »Drittens werden diese Sorgen durch eine Reihe aktueller und viel beachteter Rechtsfälle bestärkt, die große globale Investoren wie Vodafone, Telenor, Etisalat, Reckitt Benckiser, Bayer oder Enercon betreffen.«

Weil der Fall so offenliegt, lohnt noch einmal der Blick auf Enercon: Voller Hoffnung war der norddeutsche Windkraftanlagenhersteller nach Indien gekommen. Jahre später ist er eines der Symbole für das umfassende Scheitern ausländischer Investoren auf dem Subkontinent. Dabei war der Weg von Enercon der übliche: Ein sympathischer Partner, vertraut mit den örtlichen Gegebenheiten, sollte den Eintritt sichern. Der Markt erschien grenzenlos, die Hoffnungen waren kaum zu bändigen.

Ein paar Jahre ging das gut. 2005 aber begann der Streit. Die Inder wollten mit Enercon an die Börse in Bombay, planten aggressiveres Wachstum. Die Deutschen bremsten, wollten Nachhaltigkeit, Sicherheit. Dann der Bruch, die Inder zeigten Zähne, aus Partnern wurden Feinde.

Seitdem herrscht Krieg zwischen Aurich und Bombay. Enercon-Mitarbeiter aus Deutschland wurden in Indien so lange von der Polizei verhört, bis sich das deutsche Konsulat einschaltete. Seit 2006 hat der Wirtschaftsprüfer Deloitte den EIL-Eigentümern keine testierten Abschlüsse mehr vorgelegt. Die Inder klagten unterdessen auf Freigabe der rund um die Erde geschützten Patente der Deutschen; Indiens Patentgericht IPAB in Chennai erklärte daraufhin zwölf Enercon-Patente für unwirksam. Die Richter sprachen von »mangelnder Erfindungshöhe« und »mangelnder Neuheit« bei den fraglichen Patentschriften – obwohl Amerikaner, Europäer und Japaner eben diese Patentschriften anerkennen. Natürlich liegt der Vorwurf der Bestechung des Gerichtes in der Luft – beweisen aber kann ihn bei Enercon niemand.

Nach dem Verlust der Patente in Indien ist die Technik aus Deutschland dort nun für jedermann ungeschützt zu nutzen. »Unter anderem drohen in Indien nun Enercon-Kerntechnologien Wettbewerbern in die Hände zu fallen (Generator, Wechselrichter, Steuereinheit)«, heißt es in Aurich in einer Stellungnahme. Unter dem deutschen Namen könnte zudem minderwertige, gefährliche Qualität vertrieben werden – was dann wieder den Ruf von Enercon beschädigte.

»Das Urteil ist ein alarmierender Präzedenzfall für Hochtechnologieanbieter«, sagt Enercon-Justiziar Stefan Knottnerus-Meyer. »EIL produziert und installiert in Indien nicht nur identische Windenergieanlagen, sondern vertreibt diese zudem unter Enercons gekaperter Marke.« Schließlich enttarnten die Deutschen auch noch einen Industriespion in Diensten von EIL in ihrem Werk in Magdeburg. Er wurde rechtskräftig verurteilt. Angesichts solcher Missstände fiel es kaum noch ins Gewicht, dass die deutschen Mehrheitseigentümer von EIL beklagten, »seit fünf Jahren keine Dividenden mehr von EIL erhalten und keinerlei Einblick in und Kontrolle über den Gang der Geschäfte« zu haben.

Der Fall war so ernst, dass er nicht ewig nur hinter den Mauern der Deutschen Botschaft in Neu-Delhi verhandelt werden konnte. Die Ausbeutung von Enercon wurde in Berlin zum Thema. Das Bundeswirtschaftsministerium sprach von einer »gravierenden Erfahrung der Firma Enercon«. Der SPD-Bundestagsabgeordnete Garrelt Duin stellte eine Kleine Anfrage, um zu erfahren, was die Bundesregierung »zum Schutze deutscher Firmen in Indien« unternehme. Und er fragte ganz explizit: »Auf wie hoch schätzt die Bundesregierung den jährlichen Schaden für deutsche Unternehmen, die aufgrund der Nichteinhaltung von Patentschutzrechten in Indien betriebswirtschaftlichen Schaden erleiden?« Indiens Bild bei den Investoren bekam erste Risse.

Erst recht lässt die Argumentation der indischen Patentrichter im Fall EIL jeden Firmenstrategen aufhorchen: So erklärte das Patentgericht, Indiens »nationales Interesse« sei höher zu bewerten als die Rechte eines einzelnen Unternehmens an seiner Technik. »Mit dieser Begründung könnte künftig fast jedes Patent im Namen indischer Entwicklungsinteressen annulliert werden«, heißt es bei Enercon.

Dabei trafen gerade bei Enercon die Interessen eines einzelnen Unternehmens und die übergeordnete Indien-Politik der Bundesregierung schmerzhaft aufeinander. Denn ausgerechnet EIL trat als »Gold-Sponsor« der Branchenkonferenz India Wind Power 2011 im südindische Chennai auf – einer Tagung, die vom Bundesumweltminister in Berlin gefördert wurde.

Es wird also Zeit, dass sich deutsche Unternehmen und die deutsche Bundesregierung gegenüber Indien ehrlich zeigen: Das Schönreden hilft nicht mehr. Man muss die Probleme beim Namen nennen. Und zwar nicht nur in Bezug auf die Bedrohung der eigenen Wirtschaftsinteressen, sondern auch im Hinblick auf die humanitären Zustände in dem Land, in dem man gern wieder glänzende Geschäfte machen würde. Denn die deutschen

Unternehmen sind ja nicht nur Opfer der Willkür indischer Politik, sie tragen – wie am Ende auch die Konsumenten – ebenso eine gesellschaftliche Verantwortung für die Lage in Indien. Sich dazu, auch zur Lage der Frauen und Kinder, zu äußern und humanitäre Grundsätze auch im praktischen Geschäftsgebaren zu berücksichtigen, ist ebenso nötig wie die berechtigte Kritik an der indischen Wirtschaftspolitik.

KAPITEL 14

Der machtlose Gandhi

Am frühen Morgen, lange bevor der indische Erlöser am Himmel erscheint, trägt die Unberührbare Maya Kumari ihre vier Kinder vor ihre Hütte, wäscht sie und setzt sie auf ein Holzbett. Die ersten Sonnenstrahlen trocknen ihre dünnen Körper. Maya, die traditionell nur ihren Vornamen benutzt, bindet das schwarze Haar der Tochter zu einem langen Zopf, sie behängt sie mit Tüchern und schmückt sie mit goldenen Ohrringen. Ihren Jungs zieht sie saubere Hemden und Jeans an, die einzigen, die sie haben. Jetzt kann niemand mehr sehen, wie unterernährt die Kinder sind, auch der Erlöser aus Delhi nicht, sollte Rahul Gandhi sie überhaupt in der Menschenmenge erblicken.

Einige Stunden später schwillt ratternder Motorenlärm an über Maurava, Mayas Dorf. Die Menschen, inzwischen sind es mehrere tausend, warten auf einer großen Wiese zwischen Gitter gepfercht. Es sind arme Landarbeiter und Bauern der niedrigsten Kasten, die wie Maya für diesen Tag ihre besten Kleider hervorgeholt haben: bunte Saris die Frauen, weiße Kurten die Männer. »Rahul Gandhi! Rahul Gandhi!«, schallt es aus alten Megafonlautsprechern. Am Himmel über den gelb blühenden Senffeldern taucht ein weiß-roter Hubschrauber auf, die Rotoren wirbeln riesige Staubwolken auf, und während sich die Menschen Jacken und Tücher schützend vor das Gesicht halten, springt Rahul Gandhi mit Turnschuhen und in einfacher heller Bauernkleidung heraus, an seiner Seite zwei Sicherheitsbeamte in dunklen Anzügen. »Er sieht so weiß und so dick aus«, raunt jemand in der Menge. Das ist ehrfurchtsvoll gemeint und entblößt doch mit einem Satz das schier Unglaubliche an Gandhis Vorhaben: Er, der Sprössling der bekanntesten Politikerdynastie des Landes, will mit dem Machtfilz seiner eigenen Elite und mit Indiens größten Skandalen aufräumen: der Frauendiskriminierung und dem Hunger. Deshalb sucht er den Kontakt mit den Ärmsten der Armen.

Heute landet er in Maurava, einem Dorf im Bundesstaat Uttar Pradesh. Unter dessen 200 Millionen Einwohnern leben so viele in Armut wie sonst nirgends im Land. Doch auch die Stimmen der Armen zählen. Uttar Pradesh stellt bei der Parlamentswahl 2014 die meisten Abgeordneten eines einzelnen Bundesstaates. Noch nie hat in Delhi eine Regierung regiert, die bei den Wahlen in Uttar Pradesh zuvor schlecht abgeschnitten hatte. Gandhi macht Wahlkampf für seine Kongresspartei, die hier bei den Bundesstaatswahlen (vergleichbar den deutschen Landtagswahlen) 2012 erbärmliche zwölf Prozent errungen hat.

Rahul Gandhi ist 1970 geboren, er wird von manchen als Indiens großer politischer Hoffnungsträger gefeiert und ist jetzt schon Generalsekretär der Kongresspartei, die in Delhi regiert. Geht es nach seiner Partei, soll er 2014 Premierminister werden – und ein Heilsbringer. Gandhi hätte den greisen Regierungschef Manmohan Singh auch schon vorher ablösen können. Doch er zögerte. Er traut dem Mythos seiner Familie nicht. Er will sich das hohe Amt selbst erkämpfen, es nicht geschenkt bekommen – und damit auch niemandem etwas schuldig sein. Dabei ist er im Grunde immer noch ein politischer Anfänger, der selbst noch kein Mandat errungen hat, dem Vasallen in der Partei fehlen. Viele Parteiveteranen sehen ihn mit Skepsis und vertrauen nur seinem Namen. Deshalb tourt er schon lange vor der Wahl, die im Frühjahr 2014 stattfindet, durch Indiens größten Bundesstaat. Es ist eine politische Bewährungsprobe für ihn.

Rahul Gandhi schüttelt den Dorfältesten die Hände, dann erklimmt er rasch eine kleine Holzbühne mit einem Rednerpult und sechs Stühlen. Maya heftet den Blick auf ihn, ihre Kinder schauen ungläubig auf den Mann mit dem Vollbart, der so ganz anders aussieht als sie: Sie sind Landbewohner, er der Sohn des 1991 ermordeten ehemaligen Premierministers Rajiv Gandhi und der gebürtigen Italienerin Sonia Gandhi, die seit 1998 die Kongresspartei führt. Sie sind dunkel. Er ist hellhäutig. Er hat volle Wangen. Ihre Gesichter sind von Hunger gezeichnet. Rahul Gandhi weiß, dass der Hunger in diesem Wahlkampf einer seiner ärgsten Gegner ist.

»Ich werde dafür sorgen, dass jede arme Familie die ihr gesetzlich zustehenden 35 Kilo Korn und Reis im Monat bekommt«, ruft er gleich nach der Begrüßung. Applaus braust auf. Das Überleben der Leute hängt von diesen staatlichen Lebensmittelhilfen ab, die ihnen fest versprochen sind, doch nur selten kommen 35 Kilo wirklich bei ihnen an. Einen großen Teil frisst die Korruption im Staatsapparat.

Gandhi aber weiß auch: Er selbst haftet mit für die Korruption, den Hunger – er, seine Mutter Sonia, seine Großmutter Indira, sein Urgroßvater, der Staatsgründer Jawaharlal Nehru, sie alle haben es nicht vermocht, die Verhältnisse auf dem Land, wo bis heute die große Mehrheit der Inder in Armut lebt, tiefgreifend zu verändern.

Gandhi will in Uttar Pradesh ein Exempel statuieren, will die ramponierte Wählerbasis der eigenen Partei wiederaufbauen und zur ernsthaften Konkurrenz der beiden, hier mächtigen Kastenparteien machen, die den Bundesstaat seit Jahren abwechselnd regieren. Eine repräsentiert die Unberührbaren, zu denen auch Maya gehört, die andere vertritt dagegen die niedrigen Landarbeiterkasten, die 35 Prozent der Bevölkerung bilden und mit den Unberührbaren traditionell verfeindet sind. Beide Parteien sind Eigengewächse der Region, die sich sowohl den besonders starken Zusammenhalt der Kasten als auch ihre Konkurrenz untereinander zunutze machen.

Rahul Gandhi, den die ganze Welt als Indiens Kronprinzen wahrnimmt, befindet sich hier also in einer ungewohnten Rolle: Als Retter seiner Partei tritt er in Uttar Pradesh als krasser Außenseiter an. Deshalb fliegt er in seinem Hubschrauber von Dorf zu Dorf, von einer Massenveranstaltung zur nächsten. Er versucht die Ochsentour und weicht dafür dem Rampenlicht in der Hauptstadt aus. Seit er 2004 als 33-Jähriger in Indien die politische Bühne betrat, vermied er Fernsehauftritte, gab keine Interviews, nur gelegentlich eine Pressekonferenz. Als er im Januar 2014 dann doch mal ein Fernsehinterview zuließ, waren hinterher viele Beobachter entsetzt. Zu naiv, zu aufgesetzt wirkte sein Diskurs. Und zum Eingemachten schwieg er – etwa zur Verantwortung seiner Partei für das Massaker an der Sikh-Minderheit nach der Ermordung von Premierministerin Indira Gandhi, seiner Großmutter, im Jahr 1984.

Doch suchte er schon immer den Kontakt mit der Basis. Er glaubt an die Notwendigkeit einer demokratischen Erneuerung Indiens – von unten. Seine ersten politischen Erfahrungen machte er in der Jugendarbeit seiner Partei und beging damit fast einen Kulturbruch: Mit Hilfe von NGOs und Wahlforschern organisierte er im ganzen Land demokratische Wahlen für den Parteinachwuchs. In einer traditionellen Gesellschaft, die nach wie vor fest in der Hand der Kasten ist, befahl er den Söhnen berühmter Politiker, sich in die einfache Parteibasis einzureihen und sich parteiinternen Wahlkämpfen zu unterziehen. Das erzürnte nicht zuletzt die mächtigen Väter. Die glaubten bislang, ihre Ämter vererben zu können, wie ja auch Sonia Gandhi ihrem Rahul politische Macht vererbte, als sie ihn zum Generalsekretär der Partei machte. Gandhi aber ließ die Kritik an sich abprallen, umgab sich mit einem jungen, professionellen Beraterstab und trotzte den Parteialten. Damit war er an der Parteibasis durchaus erfolgreich. Doch ein bisschen sah es immer danach aus, als käme Rahul Gandhi direkt vom politischen Seminar in Cambridge, wo er studiert hatte.

Und jetzt Uttar Pradesh. Ansprachen vor Landarbeitern halten. Tee mit Unberührbaren trinken. In Delhi verspottet man ihn dafür. Sein Clan pflegt letztlich den elitären Stil der höchsten Kaste, der Brahmanen. Jahrzehntelang war die Kongresspartei auf dem Land erfolgreich, indem sie mit den brahmanischen Dorfoberen paktierte. Die befahlen dann den Angehörigen der unteren Kasten im Dorf, welche Partei sie zu wählen hatten. Demokratie auf den Säulen einer Art Feudalherrschaft.

Rahul Gandhi wollte und konnte so nicht mehr gewinnen. Wenn er sich die Erfolge der neuen Kastenparteien anschaute, dann begriff er, dass sich die Armen emanzipierten und ihre eigenen Parteien wählten, obwohl ihnen deren Politik auch nichts brachte. Sie hungern heute genauso wie früher. Ihr Lebensstandard ist in Uttar Pradesh seit Jahrzehnten kaum gestiegen. Das ist die zweite Chance der Gandhis.

Rahul Gandhi hat inzwischen die Kongresspartei in dem Bundesstaat an der Basis umgebaut. Noch vor fünf Jahren waren fast alle Kandidaten der Partei in Uttar Pradesh Brahmanen, doch Rahul Gandhi hat um Mitglieder aus den niedrigen Kasten geworben. Über hundert neue Kandidaten aus den niedrigsten Kasten sollen 2014 für Gandhis Partei in den Wahlkampf gehen. Er hat sie fast alle persönlich ausgewählt: junge Leute in den Dreißigern; Aufsteiger, die es verstehen, mit Laptop und Handy zu arbeiten. Doch Gandhi stößt an Grenzen.

Maya hat vier Kinder, sie schuftet auf dem Feld oder beim Straßenbau oder manchmal gar nicht, weil keine Arbeit da ist. Das Elend ihrer Familie, das sie am Tag der großen Rahul-Show in Maurava mit den besten Kleidern ihrer Kinder zu verdecken versucht, wird am Abend wieder sichtbar sein, sobald der Hubschrauber von Rahul Gandhi abhebt, Richtung Hauptstadt. »Wir haben keine Straße und kein sauberes Wasser, keine funktionierende Schule und kein Krankenhaus. Die Politiker haben nie etwas für uns getan«, sagt sie. Sie glaubt auch diesem Gandhi-Sprössling nicht, dass sich nach der Wahl etwas ändern werde. Trotzdem will sie ihre Stimme abgeben. Das täten alle im Dorf, sagt sie. Früher auf Befehl der Dorfoberen, heute aus Gewohnheit.

Im Grunde will Gandhi in Uttar Pradesh das Richtige: Die unteren Wählerschichten mobilisieren, ihnen die Korruption in ihren Kastenparteien aufzeigen. Und gleichzeitig seine eigene Partei in der Hauptstadt Delhi aufwecken, ihr klarmachen, dass ihr brahmanischer Honoratiorenverein auf Dauer keine Chance mehr hat. Doch vor dieser Herkulesaufgabe steht er ziemlich allein. Die alte Politikerklasse in Delhi zieht nicht mit, sie will ihren Rahul Gandhi als Symbolfigur, nicht als

Macher. Niemand in seiner Partei wagt es beispielsweise, das korrupte staatliche Lebensmittelvergabesystem
anzurühren, obwohl es für so viel Elend auf dem Land
verantwortlich ist.

Von Gandhis Rede kann sich Maya nur den einen Satz
merken: sein Versprechen, 35 Kilo Lebensmittel auszu-
teilen. Nur das gesprochene Wort gilt – Flugblätter, Par-
teiprogramme sind unter den Armen nutzlos. Offiziell
sind 35 Prozent der Bevölkerung von Uttar Pradesh Analphabeten. Doch in der Statistik gilt hier schon als des
Lesens und Schreibens mächtig, wer seinen Namen zu
Papier bringen kann. »Essen ist wichtiger als Erziehung.
Erst muss ich die Bäuche meiner Kinder füllen, und
danach bleibt nichts mehr fürs Schulgeld übrig«, sagt
Maya. Deshalb kommt Uttar Pradesh seit der Unabhängigkeit Indiens nicht voran. Das macht es für Gandhi
so schwer, die Wähler zu mobilisieren. Er muss reden,
reden, reden.

Bloß wirkt Rahul Gandhi an diesem Tag dann doch
eher wie ein König als wie ein Volkstribun, wie er so in
der Mittagssonne in Maurava in der Menge steht. Kein
einziges Mal wagt er sich ins Gewühl. Sein Winken mit
der rechten Hand ist hektisch, nicht herzlich, als spüre
er, dass er, der Privilegierte, die Armen kaum erreicht.
Sie sind hergekommen, um einen echten Gandhi zu be-
staunen, so wie man eine Rarität bestaunt. Nicht um
einem Politiker zuzuhören, der alte Strukturen aufbre-
chen will. Und so bleibt Rahul Gandhi am Ende nichts
anderes übrig, als zu kapitulieren und den Gandhi-

Mythos zu beschwören. »Ihr habt an meine Großmutter geglaubt und an meinen Vater. Jetzt glaubt an mich!«, ruft er zum Schluss seiner Rede, als der Applaus immer spärlicher wird. Es klingt wie ein Eingeständnis. Eigentlich tritt Gandhi an, weil er die indische Demokratie erneuern will. Am Ende aber greift er doch wieder auf die alten Königsformeln zurück, weil die Armen den demokratischen Aufbruchsversprechen nicht glauben.

Warum auch? Bislang hat sie die Demokratie in Indien nicht satt gemacht.

In Wirklichkeit verspricht auch ein im Frühjahr 2014 unwahrscheinlich erscheinender Wahlsieg der Kongresspartei mit Gandhi an der Spitze nichts Neues. Sicher hätte Indien erneut einen internationalen Sympathieträger als Regierungschef. Gandhi gilt gemeinhin als einer der bestaussehenden Politiker Indiens. Auch könnte man sich erhoffen, dass er die Probleme klarer benennen würde als alle seine Vorgänger. Aber letztlich steht er allein an der Spitze einer durch und durch korrupten Elite. Die Bestechlichkeit beginnt schon in der eigenen Familie. Sein Schwager Robert Vadra, der Mann seiner populären Schwester Priyanka, ist seit Jahren in handfeste Immobilienskandale verwickelt. Auf die unfeinste Art hat sich Vadra mit seinen Familienbeziehungen Zugang zu billigem Ackerland verschafft, das er armen Bauern abnahm, um es dann mit illegaler Unterstützung der Behörden zu Bauland umwandeln zu lassen und teuer an Immobilienkonzerne weiterzuverkaufen, schrieben die Zeitungen. Dafür gehörte er längst vor Gericht. Doch kein Staatsanwalt wagt es, Strafverfolgung gegen die mächtigste Familie des Landes einzuleiten. Und die Gandhis, Rahul inklusive, sind dann doch nicht ehrlich genug, den fehlgeleiteten Schwiegersohn preiszugeben.

Der Vadra-Skandal und viele andere bekannt gewordene korrupte Machenschaften der Kongresspartei führten im Dezember 2013 zu einem ungewöhnlichen Ausgang der Stadtwahlen in Delhi: Die Kongresspartei, die zuvor mit absoluter Mehrheit die Hauptstadt regierte, gewann nur noch 8 von 70 Sitzen. Die führende Oppositionspartei, die hindu-nationalistische Bharatiya-Janata-Partei (BJP), errang 31 Sitze, und eine neue Antikorruptionspartei, die zum ersten Mal überhaupt bei einer Wahl antrat, holte gleich 28 Sitze. Sie übernahm auch auf Anhieb, toleriert von der Kongresspartei, die Regierungsgeschäfte in Delhi. Allerdings nur für wenige Wochen.

Die neue Partei, genannt »Partei des einfachen Mannes« (AAP – Aam-Aadmi-Partei), entsprang im Jahr 2012 einer landesweiten Antikorruptionsbewegung. Ihr Führer ist der ehemalige Steuerbeamte und Bürgerrechtler Arvind Kejrival, der zuvor zum passiven Widerstand gegen die Staatsgewalt aufgerufen hatte. Er führte eine Kampagne, die den Bürgern in Delhi riet, ihre Stromrechnungen nicht zu bezahlen – da Politiker in hohem Maße von der Privatisierung der Stromversorgung profitiert hatten, die wiederum die Stromrechnungen binnen Kurzem in die Höhe schnellen ließ.

»Unsere Antikorruptionsgesetze entbehren so sehr jeder Überzeugung, dass es fast unmöglich ist, die Korrupten zu bestrafen«, schreibt Kejrival in seinem Bestseller *Swaraj* – direkt übersetzt: Selbstregierung. Im Deutschen entspricht *Swaraj* wohl am ehesten dem Begriff der Basisdemokratie. Tatsächlich orientieren sich manche Vordenker der AAP an der Erfahrung der deutschen Grünen. Sie wollen aus einer sozialen Bewegung eine politische Partei schaffen.

Für uns Korrespondenten war es in den letzten Jahren ein großes Privileg – und ein großer Spaß –, die indische Antikorruptionsbewegung und die Entstehung der AAP zu begleiten. Hier trafen wir sympathische, aufgeklärte Leute, die über die indischen Zustände genauso empört waren wie wir. Die Gründungsveranstaltung der AAP in Delhi war ein Straßenfest, auf dem uns viele alte Bekannte begegneten. Und wieder einmal wäre es leicht gewesen, auf die indischen Eliten, die sich nun in der AAP sammelten, zu vertrauen. Neben Kejrival besaß die Bewegung den charismatischen Anna Hazare als Anführer, einen alten, erfahrenen Dorfpolitiker, der es verstand, an den Idealismus von Mahatma Gandhi anzuknüpfen. Hazares Fastenaktionen gegen die Korruption begeisterten in den letzten Jahren Hunderttausende, die aus Solidarität mit ihm auf die Straße gingen. Und immerhin gelang es der Bewegung, so viel Druck auszuüben, dass das indische Parlament im Sommer 2013 in einer dramatischen Sitzung ein neues Antikorruptionsgesetz verabschiedete.

Doch was kann die AAP wirklich ausrichten? Sie ähnelt nach wie vor eher einer NGO als einer Partei. Als sie die politische Verantwortung in Delhi übernahm, jubelten viele, sahen darin eine Erneuerung der indischen Demokratie. Doch die AAP-Führung samt Kejrival gab schon bald alle Ämter in Delhi wieder auf, weil sie ihr auf die Hauptstadt zugeschnittenes Antikorruptionsgesetz nicht durchs Stadtparlament bekam. So weit ging die Toleranz der verbliebenen Stadtabgeordneten der Kongresspartei dann doch nicht. Nun sollte es in Delhi Neuwahlen geben. Dafür konnte sich die AAP samt Kejrival ganz auf die nationalen Wahlen des Frühjahrs konzentrieren.

Sicher wäre es wünschenswert und ein Hoffnungsschimmer für die indische Politik, wenn eine Außenseiterpartei wie die AAP in den nächsten Jahren im Parteiensystem des Landes Fuß fassen könnte. Ihr basisdemokratischer Ansatz versucht gerade jenen Bürgern eine Stimme zu verleihen, die bisher auf das politische System kaum Einfluss besaßen. Allerdings fehlen der Partei noch außenpolitische Konzepte, und auch ihr protektionistischer Wirtschaftskurs ist wenig durchdacht. Zudem muss sich die Partei eines bereits drei Jahrzehnte währenden Trends zu populistischen Kasten- und Regionalparteien erwehren, die bisher den Löwenanteil der unzufriedenen Wähler in den armen Schichten an sich binden. Egal wo man in Indien hinschaut, ob nach Uttar Pradesh, West-Bengalen, Maharashtra oder Tamil Nadu – überall haben sich auf regionaler Ebene mächtige Parteien etabliert, die national keinerlei Ambitionen haben, wohl aber als Koalitionsmitglieder in Delhi wichtige Machtfunktionen innehaben, die sie einzig zum Wohl ihrer jeweiligen Region ausnutzen. Eine kohärente nationale Reformpolitik ist mit ihnen kaum möglich. Denn allesamt sind sie Parteien des Status quo, indem sie die jeweils dominierende Schicht und Kaste ihres Bundesstaates repräsentieren. Für die zwei großen nationalen Parteien in Delhi, die Kongresspartei und die BJP, aber sind die Regionalwahlen dennoch ein Segen. Denn in der Regel lassen sie sich von der jeweils stärkeren der beiden großen Parteien einkaufen. Kurskorrekturen sind dann nicht nötig.

So war es zu Jahresbeginn 2014 das wahrscheinlichste Szenario, dass bei den bevorstehenden Parlamentswahlen die oppositionelle BJP das Rennen machen würde. Mit ihrem Spitzenkandidaten Narendra Modi. Doch gerade dieser Mann flößt den meisten Demokraten in Indien regelrecht Angst ein.

KAPITEL 15

Starker Mann im Anmarsch

Narendra Modi sitzt auf einer Bühne vor 5000 Menschen in Ahmedabad, der größten Stadt des westindischen Bundesstaates Gujarat. Er bewegt sich nicht, stundenlang. Obwohl die Leute vor ihm schreien, niederknien und seine Füße küssen wollen. Nur manchmal lässt Modi die Finger auf der Lehne seines weißen Sofastuhls im Takt der Musik tanzen. Er fastet. Wie früher Mahatma Gandhi, dessen Bild hinter ihm auf der Bühne hängt. Einmal stützt er das Kinn mit dem Mittelfinger ab und legt den Zeigefinger auf die Lippen. Lange Zeit verharrt er so – und wirkt wie der Denker Rodins in indischer Verkleidung.

Modi, Jahrgang 1950, ist seit 2001 Ministerpräsident von Gujarat, einem der erfolgreichsten Bundesstaaten Indiens. Er trägt an diesem Tag eine Kurta, das traditionelle indische Männergewand, in Hellgrün, dazu weiße Baumwollhosen, braune Sandalen und einen orangen Turban. Orange ist die Farbe der hindu-nationalistischen BJP und Modi ihr Spitzenkandidat für das Amt des Pre-

mierministers. Aber Modi ist nicht nur traditionell ge-
kleidet, er trägt auch eine randlose westliche Designerbrille. Das bringt die Moderne in sein Gesicht. Der
gepflegte graue Vollbart gibt seiner Erscheinung den
letzten Schliff. So sieht ein indischer Herrscher aus, wie
ihn die Welt noch nicht gesehen hat. Mühelos schafft es
sein Konterfei seit Jahren auf die Titelseiten der großen
Magazine in Asien. Dazu bedarf es oft nicht einmal einer
Bildunterschrift. Modis Antlitz spricht längst für sich.
Entweder fürchtet man ihn. Oder man bewundert ihn.

Nach dem Fasten begrüßt Modi auf der Bühne die vielen Ehrengäste: Unternehmer, Priester und Politiker aus
allen Teilen des Landes. Halb Indien steht Schlange. Nur
Ausländer fehlen hier. »Einem Mörder gebe ich nicht
die Hand«, sagte vor Jahren der deutsche Botschafter in
Delhi, Thomas Mattusek, über Modi. Doch das ist lange
her. Unter dem Eindruck der wachsenden Popularität
des BJP-Spitzenkandidaten haben Deutschland und viele andere westliche Länder längst ihre frühere Modi-
Boykotthaltung aufgegeben.

Aber hatte der ehemalige deutsche Botschafter nicht
recht: Modi – ein Mörder? Linke und kritische Intellektuelle in Indien sehen das genauso; für sie ist Modi ein
Faschist. Andere dagegen verehren ihn. Obwohl man
weiß, dass er im Jahr 2002 als Regierungschef von Gujarat Pogrome geduldet hat, bei denen über 2000 Muslime
ermordet wurden. Damals griffen die Ordnungskräfte
viele Tage lang nicht ein, als immer mehr Hindus, zum
Teil in organisierten Gruppen, auf die Moslems ihrer

Nachbarschaft losgingen, ihre Häuser in Brand steckten und ihre Bewohner elend verbrennen ließen.

Modi leugnet seine Mitverantwortung für das Massaker oder schweigt darüber. Viele seiner Anhänger aber würden seine Schuld gar nicht bestreiten. Doch ist Indien auch ein schnelllebiges, schnell vergessendes Land. Ausgerechnet Modi, der Mann mit den blutigen Händen, gibt vielen Hoffnung – auf Jobs, auf Wachstum, auf Modernisierung. Er ist das stärkste Talent der Opposition, womöglich Indiens politische Zukunft.

Jedes Jahr drängen zehn Millionen Jugendliche neu auf den indischen Arbeitsmarkt. Früher waren sie optimistisch, heute nicht mehr. Minister sitzen im Gefängnis, Milliardäre stehen vor Gericht. Über allem thront die zuletzt eher erfolglose Gandhi-Familie.

Modi dagegen regiert seine Region mit harter Hand und ökonomischem Erfolg. Viele halten ihn für den starken Mann, den Indien brauche, um Ordnung ins Chaos zu bringen. Keine Frage, dass er große Chancen hat, 2014 die Parlamentswahlen zu gewinnen.

Zwar verweigern ihm die Europäische Union und die Vereinigten Staaten immer noch die Einreise wegen seiner Rolle bei den Pogromen 2002. Doch wird er längst von den meisten westlichen Botschaftern in Delhi umgarnt, die Kontakt zu Modi brauchen, falls er die Wahlen gewinnt. An Modi aber perlt die westliche Kritik ohnehin ab. Selbst Inder, die sich zu seinen politischen Gegnern zählen, empfinden es heute als arrogant, wenn Länder wie Deutschland und die USA dem zweifach wiedergewählten Ministerpräsidenten eines indischen Bundesstaates die Einreise verweigern. »Modi ist kein Diktator, er ist gewählt und sollte im Westen ein Visum bekommen«, sagt Rajiv Shah, Bürochef der *Times of India* in Ahmedabab.

Doch wie ein Diktator, zumindest wie ein Monarch lässt sich Modi auf der Bühne feiern. Reihenweise werfen sich die Frauen vor ihm auf den Boden, drücken Männer ihre Bärte auf seinen Handrücken. Ganz nah wollen sie ihm alle sein. Das hat auf unheimliche Art etwas Hingebungsvolles. Der Hinduismus macht es möglich. Hinduistische Gurus sind irdische Heilige. Man liebt sie, verehrt sie beinah wie Götter. Diese Tradition nutzt Modi: Er tritt als politischer Guru auf. 36 Mal hat er in den vergangenen Jahren öffentlich gefastet, fünf Millionen Inder nahmen daran teil, 1,5 Millionen berührten anschließend seinen Körper. Im Süden Gujarats sind es sogar Tausende von Unberührbaren und Ureinwohnern, die mitten in der Steppe in einem riesigen weißen Zelt auf ihn warten. Auch vor ihnen fastet Modi einen Tag lang und will damit zeigen, dass ihn auch die Allerärmsten unterstützen. Das alles hat er Mahatma Gandhi und vor Kurzem auch Anna Hazare abgeschaut, dem erfolgreichen Antikorruptionskämpfer, dessen Fasten 2011 so viele Anhänger fanden.

»Sein Fasten war ein Glanzstück politischen Marketings – damit hat er sich als Favorit für die Wahlen im Jahr 2014 platziert«, schrieb Indiens größtes Wochenmagazin *India Today*. Daran ließ sich in der Tat kaum zweifeln.

Vom Tag seiner Machtübernahme an werde die Welt Indien mit anderen Augen betrachten: als »Supermacht«, pflegt Modi zu sagen. Die Wahrheit ist eine andere: Modi spaltet das große Land.

Für Indiens Wirtschaftstycoons ist Modi der zuverlässigste Politiker des Landes. Er sei »ein Führer unter Führern, ein König unter Königen«, schmeichelte sich der Milliardär Anil Ambani bei ihm ein. Wie treue Vasallen umschwärmen sie ihn und wollen von den guten Bedingungen in Gujarat profitieren: Das Konglomerat Tata genauso wie die Firmen der Ambani-Brüder, aber auch westliche Konzerne wie zuletzt Peugeot, Ford und die deutsche BASF. Alle bauen sie in seinem Gujarat Fabriken. Als Indiens angesehenster Unternehmensführer, Ratan Tata, im Jahr 2009 den Bau seiner neuen Nano-Autofabrik im Bundesstaat West-Bengalen endgültig abbrechen musste, weil dort die Proteste gegen die Landvergabe für die Fabrik zu stark waren, erhielt er kurz darauf eine SMS von Modi: »Willkommen in Gujarat!« Nur Wochen später begann Tata mit dem Neubau seiner Fabrik in Modis Bundesstaat. Der Ministerpräsident hatte zuvor persönlich dafür gesorgt, dass auf ordentliche Art und Weise erworbenes Land zur Verfügung stand, dass es kaum etwas kostete und dass über 20 Jahre Steuererlasse gewährt wurden. »Für Tata war so viel umsonst! Kein anderer Ministerpräsident konnte das bieten«, sagt ein führender Unternehmer in Ahmedabad, der seinen Namen nicht genannt sehen will, weil seine Firma von Aufträgen der Modi-Regierung abhängig ist. Der Unternehmer ist kein Freund Modis, aber er schätzt seine Arbeitsweise: »Er arbeitet 16 Stunden am Tag, kann gut verhandeln, ohne dabei irgendjemand zu erpressen, und ist für Leute wie uns immer von Mann zu Mann ansprechbar.«

In Indien funktioniert die Wirtschaft noch so, sozusagen nach alten paternalistischen Kaufmannsprinzipien – oder es wird kompliziert, denn dann wollen viele mitreden, und schon blüht die Korruption. Zwar gibt es einzelne Politiker, zu denen auch der derzeitige Regierungschef Manmohan Singh zählt, die als unbestechlich gelten. Aber sie setzen sich nicht durch. Eben daraus zieht Modi seine politische Kraft: Er gilt als unbestechlich, aber auch als starker Mann. Schon glaubt vor allem das gut erzogene Indien der hohen Kasten, dass nur Modi die Korruption erfolgreich von oben bekämpfen kann. Ausgerechnet Modi, der soziale Außenseiter, hat es geschafft, einen großen Teil der wirtschaftlichen und sozialen Eliten von sich zu überzeugen.

Er kommt von weit unten, aus der niederen Kaste der Ganchi, die traditionell Pflanzenöl pressen. Mit dem Öl allein konnte der Vater seine große Familie nicht ernähren – also unterhielt er vor dem Bahnhof der antiken Kleinstadt Vadnagar im Norden Gujarats einen kleinen Teestand. Der junge Narendra half dem Vater jahrelang bei der Arbeit – bis er die Oberschule abschloss und seinen eigenen Teestand in Ahmedabad aufmachte. Schon mit acht Jahren hatte er sich Indiens größter

Freiwilligenbewegung angeschlossen: der rechtsnationalistischen Rashtriya Swayamsevak Sangh (RSS), einer radikal-hinduistischen Organisation unter zentralem Führungskommando, die ihre Mitglieder an der Basis in täglichen Treffen ideologisch schult und zu sportlich-militaristischen Übungen anhält. Der RSS – lange Zeit verboten, weil der Mörder Mahatma Gandhis aus seinen Reihen stammte – wurde Modis eigentliche Heimat. Er ging nie zur Universität, löste alle Bande zu seiner Familie, die ihn schon mit 13 Jahren verlobt hatte, und heiratete auch später nicht. Das machte ihn unabhängig gegenüber verwandtschaftlichen Verpflichtungen, über die Indiens Politiker oft stolpern.

Stattdessen nahm er an den zahlreichen hinduistischen Bewegungen der 1980er und frühen 90er Jahre teil und hielt aufpeitschende Volksreden. Seine Herkunft ermöglichte ihm, auch die niedrigen Kasten anzusprechen. Dabei setzte er auf die Spaltung von Unberührbaren und Muslimen, die bis dahin gemeinsam für die Kongresspartei stimmten. Schnell stieg er damit zum wichtigsten Strategen und Organisator der RSS auf. Als sich schließlich die BJP als politischer Arm der RSS formierte und Ende der 1980er Jahre zur ernstzunehmenden Oppositionspartei avancierte, managte Modi schon ihre landesweiten Großaktionen. Er war dabei so effizient, dass er sich Streit mit seinen Parteioberen leisten konnte. Immer war er ein bisschen radikaler als sie. »Er rief dazu auf, Muslime zu verprügeln«, erinnert sich der Journalist Rajiv Shah. »Er versuchte stets, die demokratischen Prinzipien zu zerstören«, sagt sein alter Parteifreund und Vorgänger als Ministerpräsident von Gujarat, Suresh Mehta. Mehta hat sich längst gegen Modi gewendet. Er empfängt in einer alten Gartenvilla in Ghandinagar, der Hauptstadt Gujarats. »Zehn Jahre habe ich mit Modi eng zusammengearbeitet. Er hält sich für einen Übermenschen«, warnt der altersgraue Politiker. Er selbst ist froh, noch am Leben zu sein. Modis stärkster persönlicher Widersacher in der BJP, der ehemalige Haushaltsminister von Gujarat, Haren Padya, wurde 2003 auf bis heute ungeklärte Art und Weise ermordet. Modis Polizei fingierte den Fall als Terrorattentat, doch ein Gericht entlarvte die Untersuchungen als Farce. Seither fühlen sich Modis parteiinterne Gegner nicht sicherer.

Zwei Sorten von Menschen fürchten ihn besonders: Leute wie Mehta, die ihm einmal in die Quere gekommen sind. Und Indiens Muslime. Für Letztere ist er einfach nur ein Massenmörder. Dabei berufen sich die Muslime auf Indiens Mehrheitsmeinung zur Zeit der Pogrome des Jahres 2002. Zu eindeutig passiv erschien damals das Verhalten Modis. Sämtliche Medienberichte bezeugten das, und sogar der Westen zürnte. »Wer auf Leichen nach Wählern schielt, ist kein Hindu«, rügten Parteikollegen wie Shanta Kumar, der damals Minister für ländliche Entwicklung einer BJP-Regierung in Delhi war.

Doch Modi überstand das alles unbeschadet. Ihm kam der durch die Anschläge auf das World Trade Center in New York veränderte Zeitgeist zu Hilfe. Und es wurde noch besser: Noch im Jahr 2002 gewann er die Wahlen in seinem Bundesstaat mit Zweidrittelmehrheit. Er profitierte also sogar noch von dem Massaker. Modi musste sich nicht einmal entschuldigen. Alle Versuche, ihn vor Gericht zu bringen, scheiterten, wohl nicht zuletzt am Gehorsam der Polizei- und der Justizbehörden in Gujarat gegenüber dem Ministerpräsidenten – obwohl einige der Prozesse noch andauern.

»Die Wunden sind nicht geheilt. Die Muslime haben ihren Status als Bürger zweiter Klasse in Gujarat akzeptiert. Aber sie fühlen sich hier nicht mehr zu Hause«, sagt denn auch der Lokalhistoriker Achyut Yagnik, Autor eines Standardwerkes über die Entstehung des modernen Gujarat. Yagniks kleine Wohnung liegt im Zentrum von Ahmedabad, unweit muslimischer Straßenbasare. Draußen leben die Händler in ständiger Angst vor Modis Polizei. Iqbal Qazi, ein 40-jähriger Muslim, der Jeans verkauft, zeigt uns seinen Händlerausweis. Doch als ein Polizeiauto um die Ecke biegt, räumt er schnell seine Ware zusammen und flieht mit den anderen Straßenhändlern. Qazi will trotzdem nicht unfair sein: »Wenn Modi seinen Hass auf die Muslime vergessen könnte, wäre er der Beste!« An diesem Tag hat er sogar noch den Mut, an Modis Fasten teilzunehmen. Er mischt sich mit muslimischen Freunden unter das hinduistische Publikum. Oben auf der Bühne spricht Modi in seiner Abschlussrede von »Harmonie und Frieden«, seinem neuen Motto, mit dem er die Nation erobern will. Dafür hat er selbst den von ihm zu seinen RSS-Zeiten verhassten Mahatma Gandhi als großes Poster auf die Bühne gestellt. Der ist schließlich immer noch der bekannteste Gujarati. »Rund um den Globus redet man heute von der Entwicklung Gujarats«, dröhnt Modi. Immer wieder preist er die wirtschaftlichen Erfolge seines Bundesstaates, nimmt andere, kontroverse Themen gar nicht mehr auf. Das hört sogar Qazi gerne: »Ja, wir arbeiten alle hart, deshalb geht es uns heute besser als früher. Allah ist auf unserer Seite«, entfährt es dem muslimischen Händler. Das Ereignis Modi fasziniert plötzlich auch ihn.

Und doch scheint Modi ungeeignet, Indiens größte Probleme zu lösen. Er ist eher ein Vertreter der alten Kastengesellschaft, Armutsbekämpfung war für ihn immer zweitrangig. Noch heute weist sein Bundesstaat Gujarat eine der höchsten Kindersterblichkeitsraten des Landes auf, trotz des starken Wirtschaftswachstums. Zudem ist er es gewohnt, im Alleingang zu regieren. In Gujarat hört alles auf ihn. In Delhi aber müsste er eine Koalitionsregierung führen und Kompromisse machen. Statt wie in Gujarat Investitionsprojekte eigenhändig voranzutreiben, müsste Modi in Delhi mit dem Parlament zusammenarbeiten, Gesetze einbringen oder ändern und Reformen langfristig planen. Doch ein diplomatisches Vorgehen entspricht einem Macher-Typ wie ihm nicht, er könnte sich schnell verschleißen.

Und auch in anderen Fragen brächte er Indien keinen Fortschritt: Gesellschaftspolitisch würde ihn seine Partei drängen, die Uhr für Frauen und Minderheiten zurückzudrehen, die ohnehin nur winzig kleinen Ansätze einer Gleichbehandlung zunichtezumachen.

Unter Modi bliebe Homosexualität in Indien verboten, hätten die geplanten Quotengesetze für Frauen in den Parlamenten keine Chance. Vor allem aber bleibt die große Frage, wie Muslime in ganz Indien auf den »Mörder Modi« als Premierminister reagieren würden. Es gibt zwei konträre Erwartungen: Entweder die Muslime – zwar eine Minderheit, aber eine gewaltig große von rund 140 Millionen Indern – akzeptieren ihn nicht als ihren Ministerpräsidenten und lehnen sich gar auf. Oder aber Modi will seine Weltoffenheit unter Beweis stellen und beginnt gerade die Muslime zu fördern.

Auf der Massenveranstaltung in Ahmedabad begrüßt Modi auch den deutschen Reporter. Doch er antwortet nicht auf Journalistenfragen. Nur ein breites Lächeln setzt er auf. Von Nahem betrachtet, hat er weiche, schöne Lippen. Mit dem Turban und der Designerbrille bilden sie eine verführerische Maske. Einen wie ihn hat man noch nicht gesehen.

Die unlautere Demokratie

Es gibt Momente der Unmenschlichkeit, die man im Leben nie wieder vergisst. Die die eigene Haltung prägen, weil man in diesem Moment die Gewissheit besitzt, dagegen angehen zu müssen. Solche Momente haben wir in Indien nicht nur einmal erlebt. Am Grab der kleinen Romana. Vor der Aluminiumschmelze in Bombay.

Für viele Inder war die Vergewaltigung von Nirbhaya in Delhi im Winter 2012 ein solcher Moment, ein Moment des kollektiven Aufbegehrens gegen eine schreiende Ungerechtigkeit. Es war, als hätten die Menschen auf einmal begriffen, dass sich in Indien keine Frau ihres Lebens sicher sein kann.

Wir alle, auch im Westen, können den Indern helfen, ihre eigene Wirklichkeit fester, ehrlicher, genauer ins Auge zu fassen und weniger Wahrheiten zu verdrängen. Das hat mit Schulmeisterei nichts zu tun. Wohl aber mit dem Mut zur Kritik an einem fehlgeleiteten Gesellschaftssystem – auch wenn es in eine stolze, uns oft fremde Kultur eingebettet ist. Wir müssen begreifen, dass selbst ein demokratisches System nicht immer vor großen Vergehen schützt. Wir können uns nicht damit herausreden, Indien sei »die größte Demokratie der Erde«. Denn eine Demokratie, die so mit ihren Bürgern umgeht, ist nicht nur fragwürdig. Sie macht sich politischer Verbrechen in einem Ausmaß schuldig, das den Ruf der Demokratie in der ganzen Welt gefährdet.

Wie gerne würden wir als Auslandskorrespondenten das Bild eines blühenden, prosperierenden Indiens zeichnen. Indien kann ja so herzzerreißend schön, so gastfreundlich, so liebevoll sein! Wir waren nicht pingelig, als wir mit indischen Bäuerinnen ihr Essen teilten, wir haben ihr aufopferungsvolles Leben immer bewundert. Wir spielten mit ihren Kindern in den Dörfern Fußball und Kricket. Wir haben uns nachts mit den Menschen in Bombay gefreut, als es dem Tata-Konzern gelungen war, mit Jaguar und Land Rover zwei Aushängeschilder der einstigen britischen Kolonialherren zu kaufen. Wir waren als Gäste von Milliardären und Spitzenmanagern auch immer wieder von deren Visionen und Taten beeindruckt. Lebensfreude, Hilfsbereitschaft, Mut und Offenheit vieler Inder haben uns oft verzaubert. Wir haben dieses Land lieben, seine Menschen achten gelernt.

Doch können wir die Augen nicht vor den menschenverachtenden Zuständen verschließen, die der Staat und die Eliten des Landes tolerieren, von denen viele der Mächtigen profitieren – von denjenigen, die das große politische Rad drehen, bis hin zu den einfachen Dorfvorstehern.

Der Umgang mit Mädchen und Frauen ist das grausamste Beispiel – deshalb haben wir ihm in diesem Buch so viel Raum gewidmet. Doch auch die mangelnde Versorgung mit Lebensmitteln, die Bestechung, die Sünden an der Umwelt belasten das Land. Alles zusammen fordert viel zu viele Opfer.

Dennoch erteilte der amerikanische Präsident Barack Obama Indien den Ritterschlag. »Indien ist nicht einfach ein Schwellenland, es hat die Schwelle überschritten«, sagte Obama auf seiner wie eine Wallfahrt gefeierten Indien-Reise im November 2010. Wer Indien kennt, musste aber diese Worte als Hohn empfinden, gesprochen nur aus dem Kalkül, sich den Subkontinent politisch gewogen zu machen. Während die Menschen auf dem Land Hunger litten, sang Indiens Elite über Jahre in Endlosschleife das Lied von den zweistelligen Wachstumsraten und dem »inclusive growth«, dem Wachstum, das allen zugutekomme. Doch welchen Wert haben solche Begriffe angesichts der Wirklichkeit des Landes?

Der international renommierte Ökonomieprofessor Raghuram Rajan machte nach seiner Ernennung zum indischen Zentralbankgouverneur im Jahr 2013 seinem Ärger über Journalisten wie uns Luft. »Die Gewichtung stimmt nicht«, kritisierte Rajan. »In der Berichterstattung über Indien war bis vor Kurzem immer nur von Wolkenkratzern und Wirtschaftswachstum die Rede, jetzt sind Armut und Krise das Thema. Es gibt Elend, und wir müssen es bekämpfen, aber es ist ja nicht so, dass sich auf einmal alle Errungenschaften der zurückliegenden Jahre in Luft aufgelöst hätten. Die Welt hat sich in der Vergangenheit zu sehr auf die Wolkenkratzer konzentriert – und jetzt fokussiert sie die Armut in übertriebenem Maße.« Das, Herr Rajan, ist zynisch. Nichts tut mehr not, als sich auf eben diese Armut zu konzentrieren. Viel öfter und viel lauter müssen wir sie benennen.

Denn Indien ist nicht die Sahelzone. Gleichwohl ist unzähligen Statistiken der Vereinten Nationen zu entnehmen, dass es den Menschen in den indischen Armutsprovinzen wie Bihar oder Madhya Pradesh kein bisschen bessergeht. Aber anders als in Afrika ließen sich in Indien alle Opfer der Diskriminierung und des Elends mit den Mitteln des Landes retten. Wenn nur die Politiker Indiens täten, wofür sie gewählt wurden. Wenn nicht nur ein paar Intellektuelle den Mund aufmachten. Wenn die Manager das Wort ergriffen. Wenn auch der Westen Stellung bezöge, Druck ausübte.

Immerhin hat jetzt Bundespräsident Joachim Gauck bei einem Indien-Besuch im Februar 2014 im Gespräch mit Premierminister Singh die Einstellung vieler Inder zu den Frauenrechten »mehr als kritikwürdig« genannt. Auch traf er sich in Delhi mit einer Gruppe von Frauenrechtlerinnen. Damit setzte Gauck wenigstens ein erstes Zeichen.

Angesichts der Zustände in Indien dürfen wir nicht den Blick abwenden oder die Augen schließen. Indien braucht gerade auch im befreundeten Ausland Politiker, von Obama bis Merkel, die sich für eine menschenwürdige Entwicklung starkmachen. Die die Verhältnisse in Indien nicht schönreden. Die einen grausam versagenden Staat nicht instrumentalisieren als Bollwerk gegen das kommunistische China. Sondern einfordern, dass Indiens machtvolle Führungsschicht endlich Schluss macht mit dem Elend vor der eigenen Haustür.

Und es braucht eine Zivilgesellschaft, die in Menschenrechtsfragen nicht mit zweierlei Maß misst. Wir sind ja nicht auf allen Augen blind: Die westliche Öffentlichkeit begleitet wachsam und vorwurfsvoll Pekings Umgang mit chinesischen Dissidenten. Wir haben in den letzten Jahren auch bei uns in Deutschland intensive, zuweilen hitzige Diskussionen über die Unterdrückung muslimischer Frauen geführt. Das wirkt auch auf die Frauendebatte in den islamischen Ländern zurück und hilft dort der Emanzipation. Das ist alles richtig und wichtig, aber wann haben wir uns hierzulande je über die ausufernden Menschenrechtsverletzungen und die Frauendiskriminierung in Indien erregt? Wann schallten indischen Politikern auf Staatsbesuch je Sprechchöre entgegen?

Immer wieder beschleicht uns deshalb das Gefühl, dass selbst gestandene Journalisten, Politiker und Experten Indien mit Samthandschuhen anfassen, weil ihnen das demokratische Indien am Ende doch sympathischer ist als ein islamischer Gottesstaat, das kommunistische China oder eine afrikanische Diktatur. Das aber ist falsche, ideologisch motivierte Rücksichtnahme und wird den

Tatsachen nicht gerecht. Es wird Zeit, dass wir aufhören zu verdrängen und Indiens Wahrheit an die Öffentlichkeit tragen. Unsere weltbürgerliche Verantwortung verlangt, den Opfern in Indien endlich eine Stimme zu geben.

Dank

Unser Dank gilt unseren Redaktionen: In Jahren, in denen andere Medien ihre Auslandskorrespondenten aus Kostengründen reihenweise heimholen, leisten sich die *Frankfurter Allgemeine Zeitung* und *DIE ZEIT* weiterhin ein großes, eigenes Netz an Berichterstattern im Ausland. Aus unserer Sicht ist dies in Zeiten der Globalisierung notwendiger denn je. Wir bekamen dadurch die Chance, Indien mit eigenen Augen zu verfolgen und zu beschreiben. Ferner danken wir der Fotografin Meeta Ahlawat, die nicht nur das Autorenbild für dieses Buch aufnahm, sondern uns auf vielen mühseligen Reisen durch die indische Provinz stets das offene Gespräch mit Bürgerinnen und Bürgern ermöglichte.

Körber-STIFTUNG
Forum für Impulse

Wir wollen anstiften.

Mehr erfahren: www.koerber-stiftung.de
Mehr erleben: www.koerberforum.de
Mehr lesen: www.edition-koerber-stiftung.de